BJÖRN NEHRHOFF VON HOLDERBERG

OSTSEEKÜSTE & HOLSTEIN

IMPRESSUM

2. aktualisierte Auflage 2022

©2020 **THOMAS KETTLER VERLAG**
Von-Hutten-Str. 15
D-22761 Hamburg
Tel. +49 (0)40 39 10 99 10

www.thomas-kettler-verlag.de
www.sup-buch.de

Text: Björn Nehrhoff von Holderberg
Fotos: Björn Nehrhoff von Holderberg
Titelfoto: *Friedrichsort, Kiel,* **Björn Nehrhoff von Holderberg**

Lektorat und Textergänzung: Thomas Kettler
Karten: StepMap, Heide Schwinn, Carola Hillmann
Illustrationen Paddeltechnik: Klaus Mumm
Layout & Konzept: Carola Hillmann
Layout Design: Nicole Laka
Satz: Nicole Laka, Carola Hillmann
Druck & Gesamtherstellung: Drukarnia Beltrani Sp. J., Krakau

Fotos Thomas Kettler (o. = oben, u.= unten):
Seite 21, 24, 29 o., 31, 39, 40, 47 u., 50, 54 u., 55, 59, 73, 74, 89, 98 u., 100, 101, 104-105, 106, 107, 109 u., 111 o., 111 u., 112, 113, 114, 116-117, 118 u., 119 o., 120, 121, 123, 127 o., u., 128, 130, 131, 134, 135 u., 140-141, 142 o., 144 u., 145

Weitere Bildnachweise (o. = oben, u.= unten)***:***
Seite 22: Tohuus Eutin; Seite 64 o., 78-79: **SUP Schule Kiel;**
Seite 90 o., 91, 95: **Seebar Kiel;** Seite 109 o.: **Fischküche Laboe;**
Seite 137: **backsteindeluxe.de**

Bildnachweise Wikimedia Commons (o. = oben, u.= unten, l. = links, r.= rechts):
Seite 29 u.: **Uwe Barghaan;** Seite 48: **divinemisscopa;** Seite 62: **An-d;**
Seite 69 u.: **von Lukasz Lukasik;** Seite 90 u.: **Ichwarsnur**

Bibliografische Information der Deutschen Nationalbibliothek
Die Deutsche Nationalbibliothek verzeichnet diese Publikation in der Deutschen Nationalbibliografie; detaillierte bibliografische Daten sind im Internet über *http://dnb.d-nb.de* abrufbar.

Alle Angaben zu Preisen, Adressen, Telefonnummern und sonstige Angaben wurden nach bestem Wissen erstellt. Eine Garantie für ihre Richtigkeit kann vom Verlag / Autor jedoch nicht übernommen werden. Sowohl Verlag als auch Autor lehnen im Falle eines Unfalls jegliche Haftung ab.

ISBN 978-3-98513-105-1

INHALTSVERZEICHNIS

VORWORT _____ 4
TOURENPLANUNG _____ 6
WIND, WETTER, WELLEN _____ 7
DIE SUP-AUSRÜSTUNG _____ 9
   SUP-BOARDS _____ 10
   SUP-PADDEL _____ 12
   LEASH _____ 12
TRANSPORT & LAGERUNG _____ 12
SUP-PADDELTECHNIK _____ 13
LITERATUR- & LINK-TIPPS _____ 17

SUP-TOUREN IN HOLSTEIN

ⓒ **GROSSER EUTINER SEE**	₽–₽₽	🍺	18
ⓒ+➔ **KELLERSEE**	₽–₽₽₽	🍺🍺	26
ⓒ **MALENTE–PLÖN**	₽₽	🍺🍺	36
ⓒ **GROSSER PLÖNER SEE**	₽–₽₽₽	🍺🍺🍺	44
ⓒ **BISCHOFSSEE & VIERER SEE**	₽–₽₽	🍺🍺	52
➔+ⓒ **SCHWENTINE: PLÖN–PREETZ**	₽₽	🍺🍺	60
➔ **POSTSEE**	₽–₽₽	🍺	70
➔ **SCHWENTINE: PREETZ–KIEL**	₽₽	🍺	78
⇄ **KIELER INNENFÖRDE**	₽₽₽	🍺🍺🍺	86

SUP-TOUREN AN DER OSTSEEKÜSTE

➔ **KIELER AUSSENFÖRDE**	₽₽–₽₽₽	🍺🍺🍺	96
➔ **LABOE–HEIDKATE–HOHENFELDE**	₽₽–₽₽₽	🍺🍺🍺	104
➔ **HOHWACHTER BUCHT**	₽–₽₽₽	🍺🍺🍺	116
➔ **FEHMARNSUND**	₽–₽₽₽	🍺🍺	124
➔ **GRÖMITZ–DAHME**	₽–₽₽₽	🍺🍺🍺	132
➔ **TIMMENDORFER STRAND–NEUSTADT**	₽–₽₽₽	🍺🍺🍺	140

DER AUTOR _____ 144
BINNENSCHIFFFAHRTSZEICHEN _____ **KLAPPE VORNE**
SYMBOLERKLÄRUNG _____ **KLAPPE HINTEN INNEN**

₽ =ANSPRUCH DER TOUR   🍺 =EINKEHRMÖGLICHKEITEN
ⓒ=RUNDTOUR   ➔=ONE-WAY-TOUR   ⇄=HIN & ZURÜCK-TOUR

VORWORT

Auch auf der Ostsee und den Gewässern Schleswig-Holsteins werden immer häufiger Stand up Paddler gesichtet. Kein Wunder, gehören doch die Strände zwischen Kiel und Lübeck sowie die Seen und Flüsse im Innern der Holsteinischen Schweiz zu den schönsten Revieren Deutschlands. Ihre Vielseitigkeit lässt jeden fündig werden – sei es beim sanften Dahingleiten auf einem verwunschenen See entlang grüner Wälder oder Aug' in Aug' mit den Riesenschiffen im Kieler Hafen – natürlich mit dem größtmöglichen Abstand.

Andere wiederum ziehen das Cruisen an weißen Ostseestränden vor und genießen danach das Bad im glasklaren Wasser oder Chillen im Strandkorb. Zahlreiche Beachclubs, Biergärten, Cafés und Restaurants warten zudem im Sommer auf Besucher. Ebenso wie bei den Campingplätzen, Hotels und SUP-Vermietern konnten wir im Buch oft nur eine Auswahl aus der großen Angebotspalette nennen.

Auch das Nichtstun gehört mal zu einer SUP-Tour

Leicht erlernbar, ist das Stand up Paddeln eine klasse Sache für die ganze Familie. Auf ein und demselben Board macht Mama ihre Yogaübungen, dreht Papa seine sportliche Abendrunde und zwischendrin funktionieren die Kinder es spielerisch zu einer Badeinsel oder einem Piratenschiff um.

Viele SUP-Board-Vermieter bieten auch Kurse und geführte Touren an. Es lohnt sich durchaus zu Beginn einen Grundlagenkurs zu absolvieren, da man sich somit schnell vom Kursteilnehmer zum selbstbestimmten Paddler entwickelt.

Das Bewegungsmuster beim Stehpaddeln spricht verschiedenste Muskelgruppen an und bietet ein hervorragendes Ganzkörper-Fitnesstraining, besonders für Rücken und Rumpf. Stehpaddler haben, im Gegensatz zu Paddlern im Kanu, eine erhöhte und somit bessere Sicht auf die Welt unter Wasser und so ganz nebenbei den Coolnessvorteil des Surfers.

Abseits aller Nützlichkeit ist es sicher die Freude die man empfindet, wenn man sein Brett zu Wasser lässt und die Probleme des Alltags an Land zurückbleiben. Natur und Bewegung nehmen einen voll ein und man kommt erholt zurück von seiner Tour.

Also nichts wie rauf aufs Wasser und rein ins Abenteuer Stand up Paddling!

Björn Nehrhoff von Holderberg

TOURENPLANUNG

Besitzer eines aufblasbaren iSUPs gelangen entlang der Bahnstrecke Lübeck – Kiel auf entspannte und ökologisch sinnvolle Art und Weise an ihren Tourenstart. Auch die Ostseetouren bieten reichlich Gelegenheit mit dem ÖPNV ins Revier zu gelangen, allerdings gibt es nicht bei jeder Tour auch eine Bahn- oder Busverbindung zwischen Start und Ziel.

Mobil vor Ort – Es ist absolut empfehlenswert ein Fahrrad dabeizuhaben! Nicht nur, um bei der Anreise mit dem ÖPNV zum Übernachtungsort zu kommen, sondern auch um am Tourenende mit dem zuvor dort deponierten Rad auf dem komfortablen Strandweg zurück zum Startpunkt zu gelangen.

Paddlern, die kein eigenes Brett besitzen, nennen wir bei jeder Tour SUP-Vermieter, die in den meisten Fällen auch geführte Touren oder einen Anfänger-Kurs anbieten. Man sollte als Pfand einen Personalausweis dabeihaben!

WICHTIGES FÜR DEN PADDLER

- » Behindert bitte beim Parken keine Anwohner und nutzt beim Ein- und Aussetzen keine empfindlichen Uferbereiche. Beim Start mit dem eigenen Board von einem privaten Grundstück (SUP-Board-Vermieter, Gasthof, Campingplatz) fragen wir vorher um Erlaubnis.
- » Schätzt Eure konditionelle Verfassung realistisch ein und stattet Euch entsprechend der Wetterverhältnisse aus (siehe Ausrüstung). Alkohol ist auf dem Wasser tabu!
- » Respektiert die bestehenden Befahrungsverbote und die im Buch genannten Naturschutzregelungen. Nur so vermeiden wir drohende Sperrungen. Beim Paddeln sollten wir uns nicht dauerhaft vom Gewässergrund abstoßen und so das Bodenleben stören. Anglern, die oft gut „getarnt" am Ufer sitzen, weichen wir aus, ohne mit deren Angelgeschirr in Konflikt zu geraten.
- » Umfahrt größere Ansammlungen von Wasservögeln und haltet, besonders zur Brutzeit, Abstand zu Schilfgebieten und Steilufern. Das Beschallen der Natur mit wasserdichten WLAN-Musikboxen belastet nicht nur diese, sondern auch andere Paddler.
- » Selbstredend nehmen wir unseren Müll wieder mit nach Hause.
- » Wichtig: Die Ausflugs- und die Berufsschifffahrt hat immer Vorfahrt. Wir halten uns fern von ihren Fahrwassern und queren diese, wenn unbedingt

nötig, immer nur auf dem kürzesten Weg, ohne den Verkehrsfluss zu behindern.

» Seglern, Windsurfern und Kitern weichen wir aus. Für sie sind wir im spiegelnden, aufgewühlten Wasser nur sehr schlecht und spät auszumachen. Hier sollte man für einen lauten Zuruf bereit sein, um im Zweifelsfall auf sich aufmerksam zu machen. Zonen mit den schnellen Windsportlern sollten wir schnell wieder verlassen. In der Regel sind diese auch nur ein paar hundert Meter breit.

» Möchten wir uns im Wellenreiten versuchen, halten wir uns an folgende Regel: Der Surfer (egal ob Wellenreiter oder SUP-Wellenfahrer), der sich weiter innen, das heißt, näher am brechenden Teil der Welle befindet, hat immer Vorfahrt. Ein Surfer, der weiter draußen bereits auf der Welle surft, hat Vorfahrt. Diese Regel führt mitunter zu Zwist, weil Wellenreiter, anders als SUPer, erst spät auf einer Welle starten können. Sind viele Wellenreiter im Wasser, sollten wir unseren Vorteil nicht überstrapazieren und am besten einen Platz abseits der Hotspots suchen, um in Ruhe zu üben.

WIND, WETTER, WELLEN

Wer auf SUP-Tour geht, muss wissen, wie weit er überhaupt kommen kann und wie sich Wind und Wetter auswirken. Hier ein paar Anhaltspunkte:

Wieviel Strecke können wir zurücklegen? Freizeit- / Gelegenheitspaddler sind in der Regel mit etwa drei Stundenkilometern unterwegs und meist nur zwei bis vier Stunden auf dem Wasser. Dabei legen sie insgesamt 6-12 Kilometer zurück.

Engagierte SUP-Rider erreichen je nach Brett und Kondition auch zwischen vier und sieben Stundenkilometer, sind somit deutlich schneller und können auch größere Strecken bewältigen.

Auf den Fließabschnitten der Schwentine zwischen Preetz und Kiel, Plön und Preetz sowie zwischen Eutin und Malente, kann man wegen der leichten Strömung mit einem Plus von ca. einem Kilometer in der Stunde rechnen.

Wind ist für Stand up Paddler ein besonders wichtiges Kriterium. Er kann schnell alle Pläne zunichtemachen. Schon mäßiger Gegenwind der Stärke 3 halbiert das Paddeltempo. Noch stärkere Winde machen es Gelegenheitspaddlern schwer, überhaupt vorwärts zu kommen. Kommt der Wind dagegen von hinten, schiebt er den Paddler hilfreich an, solange jene Wellen die er aufwirft, nicht zu Balanceproblemen führen.

Windstärke wird in Beaufort angegeben. Der Beaufordgrad reicht von **1 = leichter Windzug** bis **12 = Orkan**.

Wind der Stärke 1-2 Beaufort ist für Gelegenheitspaddler auch auf der Ostsee noch gut in alle Richtungen zu paddeln.

Wind der Stärke 3-4 ist für Gelegenheitspaddler auf längeren Strecken nur als Rückenwind zu bewältigen, solange die Wasserfläche klein genug oder geschützt ist, so dass keine ausgeprägten Wellen entstehen können. Dafür paddeln wir jetzt ohne Mehraufwand einen guten Stundenkilometer schneller. Bläst dagegen ein Wind dieser Stärke von vorne, kommt man schnell an seine konditionellen Grenzen und kann nur noch kurze Strecken zurücklegen. Diese

Nur absolute Crac sind jetzt noch auf de Wasser unterwe

Windstärke führt auf größeren Wasserflächen zu Wellen, die für Gelegenheitspaddler in der Regel zu anspruchsvoll für ihre Balance ist. Dann hilft nur noch kniend weiterzupaddeln, bis man sicher anlanden kann. Fortgeschrittene SUPer dagegen können Wellen dieser Art Spaß machen und sogar für erste Surfmomente sorgen.

Ab Windstärke 5 sollten auf offenen Gewässern nur noch absolute Cracks auf dem SUP-Board unterwegs sein.

Vor einer Tour ist es sinnvoll, sich einen aktuellen Wetterbericht anzuschauen, besonders, wenn man eine längere Ausfahrt plant. Wetter-Apps oder Internetseiten speziell für Wassersportler nehmen gleich auf deren Bedürfnisse Rücksicht. Sie zeigen Wind und Wetter stündlich aktuell an, was nicht heißt, dass auch diese Dienste einmal danebenliegen können. Vor der Tour sollte man daher immer einen Plan B haben, wenn einmal etwas nicht so läuft wie gewünscht.

Windy www.windy.com
Windfinder www.windfinder.com

DIE SUP-AUSRÜSTUNG

Zu jeder Jahreszeit gilt, eine der Wassertemperatur angepasste Kleidung zu tragen. Das reicht vom Bikini oder der Boardshort im Sommer, bis zum Neoprenanzug, bzw. Trockenanzug, im Winter. Wer im Frühling oder Herbst, wenn die Außentemperaturen zwar hoch, das Wasser aber noch oder schon wieder frisch ist, in Badebekleidung vom Brett fällt, kühlt in kürzester Zeit aus und gerät in Lebensgefahr. Eine Schwimmweste in fester, bzw. kompakter Form (als selbstaufblasbare Auftriebshilfe in Form eines Hüftgurtes getragen, die von einigen Herstellern in verschiedener Art angeboten wird), sollte selbstverständlich sein, insbesondere bei Querung größerer Wasserflächen oder wenn nicht in unmittelbarer Nähe des Ufers gepaddelt wird.

Zur „Schönwetterausstattung" gehören: Badeschuhe, Neoprenschuhe oder alte Turnschuhe, ggf. Wechselkleidung, Handtuch, Sonnencreme, Sportbrille mit Brillenband, Kopfbedeckung und bei längeren Touren ein Snack und ausreichend zu trinken. Die Gefahr der Auskühlung, aber auch die der intensiven Sonneneinstrahlung, darf nicht unterschätzt werden.

Auch eine Winter-Tour hat ihre Reize. Unterwegs zu sein auf einem spiegelglatten See ohne Lärm und Bootsverkehr bietet Entspannung der besonderen Art. Kuschelige Wärme bringen dann ein Trockenanzug mit warmer Fleece-Unterwäsche und dicke Neopren-Schuhe. Ruhig ein bis zwei Nummern größer, damit dicke Socken und eventuell die Socke des Trockenanzugs drunter passen. Spezialanbieter produzieren Neopren-Socken mit eingewebter Wolle, die an Wärme und Funktionalität kaum zu toppen sind. Wichtig sind darüber hinaus eine dicke Mütze und Neoprenhandschuhe.

Für die Mitnahme von Ersatzkleidung und Kleinkram gibt es wasserdichte Transportsäcke in verschiedenen Größen, die sich einfach im Gepäcknetz des Boards verstauen lassen. Ein 2-Liter-Beutel reicht für Handy, Schlüssel und Geld, ein 15-Liter-Sack bietet in der Regel genug Stauvolumen für Pulli, Windjacke und Schuhe.

Die Stehpaddel-Ausrüstung besteht neben der entsprechenden Kleidung aus **SUP-Board**, **Paddel** und **Leash**. Die Wahl des SUP-Boards hängt vom Einsatzbereich ab.

SUP-BOARDS

Grundsätzlich unterscheiden wir feste (laminierte) Hardboards und aufblasbare Boards (iSUPs oder inflatable SUPs).

Die Vorteile der Hardboards liegen in den besseren Fahreigenschaften, dagegen sind iSUPs besser zu lagern und zu transportieren. Für sie benötigt man eine Luftpumpe, die in der Regel bei jedem Board im Lieferumfang dabei ist. Je nach Hersteller sorgen 15-18 psi Druck für eine gute Stabilität (1 bar = 14,504 psi).

Die Steifigkeit des Boards ist entscheidend. Mit zu wenig Luft hängt es mittig durch und reagiert nicht präzise genug auf Paddelschläge. Stattdessen haben wir eine weiche und schwabbelige Standfläche, die nur als Badeponton Spaß macht. Verlockend günstige Angebote lassen eine wenig stabile Bauweise des SUPs vermuten.

Für die Größe des Boards sind Maßangaben in Fuß und Zoll üblich. Die Länge wird in Fuß angegeben: 1 Fuß = 30,48 cm; die Breite und Dicke wird in Zoll berechnet: 1 Zoll = 2,54 cm. Je mehr Fläche auf dem Wasser aufliegt, desto kippsicherer ist das Board, ein Einsteigerboard ist daher größer und breiter als ein Raceboard. Vor dem Kauf ist es hilfreich, an einer SUP-Station mehrere Boards zu testen.

„Schweben" im glasklaren Wasser der Ostsee

TOURING-BOARDS

Geeignet für Einsteiger und Flachwasser-Enthusiasten. Je länger das Brett, desto schneller ist es und desto einfacher ist das Geradeausfahren. Für Tagestouren empfehlen wir eine Länge von etwa 12.6 Fuß. Für mehrtägige Gepäcktouren eignen sich Board-Längen zwischen 12.6 und 14 Fuß. Entscheidend bei der Wahl des Boards ist aber auch das Volumen, welches in Litern angegeben wird. Hierbei bitte unbedingt die Herstellerangaben beachten. Ein Board, konstruiert für eine Gewichtsklasse bis 90 kg, ist definitiv nichts mehr für einen 150-kg-Fahrer. In der Breite gilt es, die Gratwanderung zwischen Schnelligkeit und Kippeligkeit an das eigene Können anzupassen, damit der Spaßfaktor stimmt. Gängig sind Breiten zwischen 30 und 33 Zoll.

Mit einem iSup kommt man überall hin

WELLENREITBOARDS

Wellenreitbretter sind mit 8,5-10 Fuß Länge relativ kurz und gleichzeitig mit 30-35 Zoll recht breit. Sie weisen eine starke Aufbiegung (Rocker und Scoop Line) im Brettverlauf auf und besitzen bis zu fünf Finnen. Je nach Stärke der Aufbiegung verfügt das Board über unterschiedliche Fahreigenschaften. Je flacher die Rocker Scoop Line, desto schneller, je ausgeprägter, desto langsamer aber wendiger ist es.

Die Anforderungen beim Wellenreiten sind wesentlich komplexer als auf stehenden Gewässern, ein Einsteigerkurs wird empfohlen und vermittelt hier kompaktes Basiswissen.

SUP-FINNEN

Die Finne sorgt für Spurtreue des Boards. Ohne Finne paddelt man im Kreis oder der Wind bläst einen einfach übers Wasser. Je länger und größer die Finne, umso besser ist der Geradeauslauf. Passende Finnen werden bei den Boards mitgeliefert und werden im Heck auf der Unterseite befestigt.

SUP-PADDEL

Die Hersteller bieten feste und in der Länge verstellbare Paddel an. Letztere sind gegen ein unabsichtliches Verdrehen der beiden Schaftteile extra gesichert.

Stabilität und Gewicht des Paddels sind entscheidend. Paddel mit einem Schaft aus schwerem Aluminium wiegen rund 300-400 g mehr als solche aus leichtem Carbon. Ein Paddel mit einem verstellbaren Schaft aus Glasfasermaterial und einem Blatt aus Kunststoff ist als Einsteigermodell preislich und qualitativ gut geeignet.

LEASH

Sicherheit bietet neben einer guten Fahrtechnik und Kondition vor allem die Leash, eine Leine, die den Paddler mit dem Brett verbindet. Im Falle eines Sturzes ins Wasser treibt das Board nicht ab, ein Wiederaufsteigen ist somit problemlos möglich. Boardseitig wird sie fest fixiert, am Paddler ist sie am Knöchel durch einen leicht und schnell zu öffnenden Klettverschluss befestigt.

Unter sommerlichen Bedingungen ist dies in der Regel auf kleinen Gewässern für die meisten SUP-Paddler ausreichend.

TRANSPORT & LAGERUNG

Die meisten Boards haben eine spezielle Mulde bzw. einen Griff, um das Board seitlich am Körper zu tragen. Mit einem Gewicht von 11-13 kg sind sie zwar recht handlich, für das Tragen über größere Strecken ist ein SUP-Tragegurt zu empfehlen oder ein SUP-Transportwagen.

Zum Transport mit dem Pkw können mehrere Hardboards übereinander auf dem Dachträger mit Spanngurten befestigt werden (Zwischenpolsterung und Polsterung des Dachträgers mit Heizungsrohrisolierung aus Schaumstoff). Wer nicht genug Platz auf dem Autodach hat, kann das SUP-Board in einem im Fachhandel erhältlichen speziellen Bügel hochkant transportieren.

SUP-PADDELTECHNIK

ERMITTLUNG DER RICHTIGEN PADDELLÄNGE

Stell das Paddel neben Dich, strecke Arm und Hand (der Arm ist dabei fast durchgestreckt) entlang des Paddelschaftes nach oben und lege jetzt die Hand um den Griff. Je länger das Paddel, umso aufrechter die Standposition auf dem Board. Wenn ich sportlicher fahren möchte, wähle ich einen kürzeren Schaft.

PADDELHALTUNG

Die richtige Griffbreite ermitteln – Mit der einen Hand den Knauf umfassen, mit der anderen den Schaft. Paddel so auf den Kopf legen, dass die Unterarme im rechten Winkel nach oben zeigen.

Bei einem SUP-Paddel ist in der Regel das Blatt im Verhältnis zum Schaft abgewinkelt. Das Paddel wird korrekterweise so gehalten, daß beim Eintauchen das abgewinkelte Blatt – vom Paddler aus gesehen – nach vorne zeigt.

ERSTE VERSUCHE

Wer seine ersten Versuche auf einem SUP-Board bestreitet, kann erstmal kniend starten, um ein Gefühl für sich und das Board zu bekommen. Hierzu etwa in die Mitte des Boards mit Blick nach vorne hinknien. In aufrechter Haltung mit beiden Händen am Paddelschaft vorwärts paddeln. Nach der Eingewöhnung aufstehen und mit der oberen Hand den Knauf greifen.

VORWÄRTSSCHLAG

Mit Blick nach vorne (Richtung Bug) stehen wir mit paralleler Beinstellung etwa in der Mitte des Boards. Die Trageschlaufe dient hier als Anhaltspunkt. Das Paddel wird weit vorne und nahe neben dem Board eingetaucht. Dabei ist der untere Arm (Hand am Schaft) nahezu gestreckt und der obere Arm (Hand auf dem Griff) leicht angewinkelt. Erst wenn das Paddel komplett im Wasser ist, wird der eigentliche Paddelzug eingeleitet.

Jetzt wird das Paddel in gerader Linie neben dem Board bis zum Körper (Füße) durchgezogen, wobei der Paddelschaft immer in einem sehr steilen Winkel (von vorne oder hinten gesehen) zum Wasser bleiben sollte. Dabei wird der obere Arm gestreckt und der untere Arm leicht angewinkelt.

Vorwärtsschlag von der Seite gesehen

Knapp hinter dem Körper wird das Paddel aus dem Wasser genommen und mit horizontal gedrehter Blattfläche wieder nach vorne in die Eintauchposition geführt. Durch Rotation des Oberkörpers während des Durchziehens des Paddels wird die Wirkung (Kraft nach vorne) gesteigert (Schulter auf der Paddelseite ist beim Eintauchen leicht nach vorne und beim Ausheben des Paddels leicht nach hinten gedreht).

Je besser ich mein Paddel im Wasser „verankere" (Widerstand des Wassers nutzen), desto effizienter ist die Bewegung des Boards nach vorne.

Vorwärtsschlag von vorne gesehen

Bewegungsablauf Vorwärtsschlag

VORWÄRTS FAHREN

Um „Kurs zu halten" und ungewollte Kurvenfahrt zu vermeiden ist es hilfreich, auf ein anvisiertes Ziel in der Ferne zuzuhalten und nach mehreren Schlägen immer mal wieder die Seite zu wechseln.

KURVEN FAHREN

Hier kann als leicht zu lernende Technik der Bogenschlag angewendet werden. Das Paddelblatt wird möglichst weit vorne direkt am Board eingesetzt und dann in einem weiten Bogen am Körper vorbei bis nach hinten ans Heck durchgezogen. Je weiter ich bei diesem Manöver hinten auf dem Board stehe, umso effizienter wird der Bogenschlag.

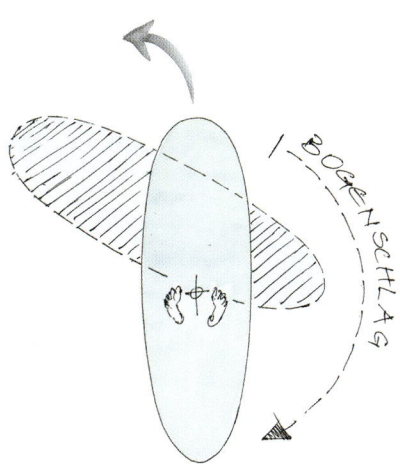

Als fortgeschrittene Technik kann auch der sogenannte Crossbow-Turn eingesetzt werden. Hier wird das Paddel aus der Fahrt

Crossbow-Turn

heraus auf der Gegenseite des Boards – unter Beibehaltung der ursprünglichen Paddelhaltung – möglichst weit außen in einem Winkel von rund 45 Grad zum Board eingesetzt und dann in einem Bogen vorne über den Bug wieder auf die ursprüngliche Paddelseite geführt. Mit dieser Übergriff-Technik kann das Board mit einem Schlag um 180° gedreht werden.

PADDELN BEI GEGENWIND

Wer gegen den Wind ankommen möchte, macht sich klein – bis hin zum Paddeln im Knien. Auf diese Weise reduziere ich den Luftwiderstand. Die Griffhand greift dabei weiter unten am Schaft.

DOWNWIND-PADDELN

Das SUP-Paddeln mit ordentlich Wind im Rücken gilt als die Königsdisziplin auf dem See und bleibt erstmal dem wirklich Erfahrenen vorbehalten. Es erfordert eine an Wind und Wellen angepasste Fußstellung. Um ein Bohren des Bugs zu verhindern, versetzt man einen Fuß nach weiter hinten. Je mehr Wind, desto weiter hinten steht man. Mit dem Paddel im Wasser kann das Board in den Wellen stabilisiert werden.

ZU GUTER LETZT

» Schwach motorisierte Wasserfahrzeuge „schleichen sich" gerne mal unbemerkt von hinten an, so dass es sinnvoll ist, sich immer mal wieder umzuschauen.
» Im Falle eines Sturzes ins Wasser zuerst zum Board schwimmen, bevor der Wind dieses abtreibt (eine Leash verhindert das!), dann das Paddel bergen.
» Nie das Board verlassen um zum Ufer zu schwimmen, denn es ist auch Deine „Rettungsinsel"!
» Führe ein wasserdicht verpacktes Handy mit, um im Notfall Hilfe rufen zu können.

BUCH-EMPFEHLUNGEN

SUP – STAND UP PADDLING: MATERIAL - TECHNIK – SPOTS, Verlag Delius Klasing

SUP: STAND UP PADDLING FASZINATION, ABENTEUER, LIFESTYLE (MICHAEL WALTHER BESCHREIBT SEINE SCHÖNSTEN TOUREN UND ERKLÄRT, WAS DIE FASZINATION DES SUP AUSMACHT), Wachholtz Verlag

TAKE ME TO THE LAKES - HAMBURG EDITION, The Gentle Temper

WOCHENENDER – OSTSEEKÜSTE - 63 LIEBLINGSPLÄTZE, Frenz Verlag

ZEITSCHRIFTEN

SUP BOARD MAGAZIN, MSV Medien Baden-Baden, WWW.SUPBOARD-MAGAZIN.DE

SUP, Delius Klasing, WWW.SUP-MAG.DE

STAND UP MAGAZIN, Mike Jucker, WWW.STANDUPMAGAZIN.COM

LINK-TIPPS

SUPSCOUT.DE - PLATTFORM FÜR SUP-SPOTS UND -TOUREN

PAGAJA.DE - BUCHUNGSPORTAL RUND UMS PADDELN

CLEANRIVERPROJECT.DE – PADDELN UND FOTOKUNST FÜR SAUBERE FLÜSSE UND MEERE

Literatur-TIPPS

GROSSER EUTINER SEE

ANSPRUCH
🪶 – 🪶🪶

EINKEHR

Schilfbestandene Seeufer, hügelige Wiesen und herrliche Laubwälder – ein famoses Revier, in dem sich Natur und Kultur zu einer faszinierenden Mischung vereinen. Namen wie Goethe-Maler Wilhelm Tischbein, Homer-Übersetzer Voß und Komponist Carl Maria v. Weber gaben der an seinem Ufer liegenden Residenzstadt Eutin mit dem herzoglichen Schloss auch den Beinamen „Weimar des Nordens".

WIND & WETTER
Bei Wind aus West und Ost kommt es wegen der Größe der Seefläche zu Wellenbildung.

BEFAHRUNGSREGELN
- Die Ausflugschifffahrt hat Vorfahrt.
- In den Schwentine-Oberlauf darf nicht eingepaddelt werden – Naturschutzgebiet.

ANFAHRT MIT DEM PKW
Autobahn A1 bis zur Ausfahrt Eutin. Anschließend der B 76 nach Eutin folgen. Über die Lübecker Landstraße zunächst Richtung Eutiner Schloss, dort am Kreisverkehr der L 57 nordostwärts zum östlichen Seeende folgen, wo es links in die Straße „An der Schäferei" geht. Fahrzeit ab HH ca. 1:15 h.

ALTERNATIV z.B. bei ÖPNV-Anreise Einsetzen an der Schwimmhalle in Eutin (Navi: Riemannstr. 46, 23701 Eutin).

Verwunschener Pfad zur Einsetzstelle

PARKEN
Gebührenfreies Parken auf schotterigem Waldparkplatz an der Alten Schäferei.

ALTERNATIVER EINSETZPUNKT Parkplatz an der Schwimmhalle in der Innenstadt, zeitweise Parkgebühr.

ANFAHRT MIT ÖPNV
Mit der Regionalbahn über Lübeck (umsteigen) nach Eutin. Fahrzeit ab HH ca. 1:30 h. Vom Bahnhof zu Fuß (ca. 800 m) durch die Innenstadt zum alternativen Einsetzpunkt Schwimmhalle am Stadtparkufer.

BADEN
- Historische Freibadeanstalt Eutin in der Fissauer Bucht.
- Kleine versteckte Strände an beiden Ufern.

Vom Wald her ertönt ein wahres Vogelkonzert

SEHENSWERT

» **EUTIN:** Barockes Residenzschloss (1727) mit Schlossmuseum, Englischer Schlossgarten, Eutiner Festspiele, Ostholstein-Museum, Landesbibliothek (Literatur des 18. Jh.), Gallerieholländermühle, Wasserturm von 1909 (Fotoausstellung zeigt sämtliche Wassertürme Schleswig-Holsteins).

 EXTRA-TIPPS

» Schöne **WANDERUNG** (4-12 km) vom Einsetzpunkt an der Alten Schäferei durch das an den Eutiner See angrenzende, hügelige Waldgebiet mit hohen, alten Buchen und kleinen eingestreuten Waldseen.

» Besuch des nahen **BUNGSBERGS** (15 km nordöstlich), Schleswig Holsteins höchster Berg, mit Waldschänke, Fernmeldeturm sowie denkmalgeschütztem Elisabethturm und Infozentrum. Von der Aussichtsplattform reicht der Blick bis zur Ostsee.

de- und SUP-Paradies Eutiner See

GROSSER EUTINER SEE

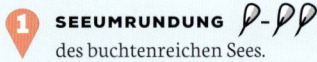

TOUREN

① SEEUMRUNDUNG 𝒫-𝒫𝒫
des buchtenreichen Sees.
🔄 | **LÄNGE** 10 km | **DAUER** 2-3 h

🔴 EIN- & AUSSTIEG

Vom Waldparkplatz am Ostende des Eutiner Sees geht es 100 Meter über einen Trampelpfad zum Steg.

ALTERNATIV Vor der Schwimmhalle in Eutin oder bei Kolula SUP.

SUP-VERMIETUNG

❶ BOOTE KEUSEN
Sielbecker Landstraße 17
23701 Eutin-Fissau, Tel. (04521) 42 01
www.boote-keusen.de

❷ KOLULA SUP (Station in der Box)
Heinrich-Lüth Weg, 23701 Eutin
www.kolula.com

ÜBERNACHTUNG

❶ NATURPARK-CAMPING PRINZENHOLZ (Zelt + Schlaffass)
bei Fissau am Kellersee
Tel. (04521) 52 81
www.naturpark-camping-prinzenholz.de

❷ WOMO-PARK EUTINER SEE
Oldenburger Landstraße 21
23701 Eutin, Tel. (04521) 709 70
www.reisemobilpark-eutin.de

❸ FERIENWOHNUNG „ZUM ALTEN FORSTHOF" AM SCHLOSSPARK
Jungfernort 12, 23701 Eutin
Tel. (04521) 795 68 88
www.zum-alten-forsthof.de

EINKEHR

❶ SCHLOSSKÜCHE EUTIN
Schlossplatz 5, 23701 Eutin
Tel. (04521) 830 87 90
www.schlosskueche-eutin.de
Di-So 9-11 Uhr

KLASSIKER Bagel-Frühstück, Wiener Schnitzel vom heimischen Kalb

❷ BRAUHAUS EUTIN
Markt 11, 23701 Eutin
Tel. (04521) 76 67 77
www.brauhaus-eutin.de
Tägl. von 11-22 Uhr

KLASSIKER Selbstgebrautes, unfiltriertes Eutiner Bier

❸ TOHUUS
Markt 13, 23701 Eutin
Tel. (04521) 797 85 48
www.facebook.com/tohuus
Mo-Sa 11-18, So 13-18 Uhr

KLASSIKER Leckere Fischbrötchen und Abendbrote

Abendbrot im Tohuus

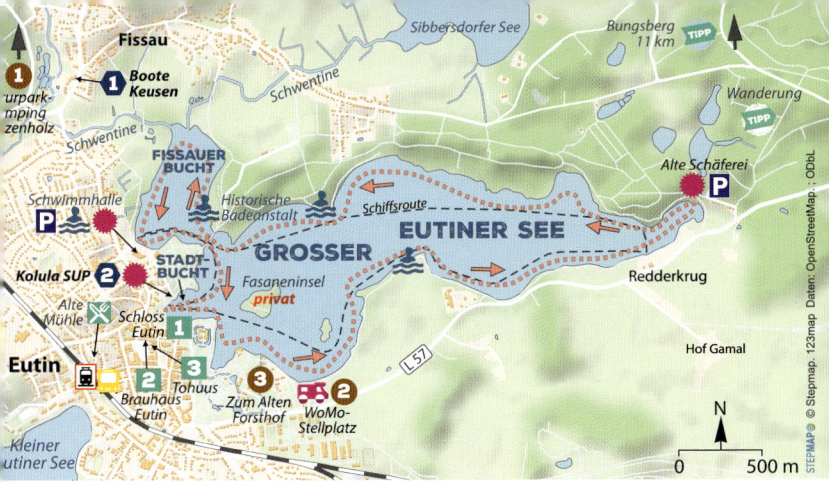

1 NATUR TRIFFT KULTUR IM „WEIMAR DES NORDENS"

Am **GROSSEN EUTINER SEE** inmitten der Holsteinischen Schweiz finden sich am waldreichen Ufer stille Plätzchen mit herrlichem Blick über die Stadtbucht auf das Eutiner Schloss und die historische Altstadt. Genau richtig für eine beschauliche Tour im warmen Frühherbst. Schon gleich nachdem wir die Bretter nahe der **ALTEN SCHÄFEREI** ins Wasser geschoben haben, verzaubert uns die Landschaft.

Wir halten uns ans nördliche Ufer, das von dichtem Laubwald und einem Schilfgürtel eingenommen wird. Nur das leise Gluckern der Paddelschläge dringt an unser Ohr. Wir folgen den Konturen einer kleinen Bucht, die von Seerosenteppichen eingefasst wird. Ein Haubentaucher steckt neugierig seinen Kopf aus dem Schilf und verschwindet sogleich wieder. Ein versteckter Strand mit alten Bäumen und einer kleinen Wiese sieht sehr verlockend aus, doch paddeln wir zunächst weiter bis kurz vor **EUTIN**. Dann biegen wir rechts unter der hübschen Holzbrücke in die **FISSAUER BUCHT** ein, eine kleine Nebenbucht des Sees. Gleich hinter der Brücke liegt rechter Hand die **HISTORISCHE FREIBADEANSTALT** von 1913, von der es in ganz Deutschland nur noch sehr wenige vergleichbare Anlagen gibt. Das unter Denkmalschutz stehende Schmuckstück besticht mit einer großzügigen Liegewiese. Der Eintritt ist frei.

Einen Steinwurf entfernt fließt der zehn Kilometer lange Quell-Arm der **SCHWENTINE** von rechts in den See und gleich daneben verlässt die Schwentine wieder den See in Richtung Kellersee (siehe Tour 2, Seite 27). Im Südwesten der Fissauer Bucht liegt die **SCHWIMMHALLE EUTIN** (Kirsten-Bruhn-Bad) – am Schwimmhallenparkplatz besteht eine **ALTERNATIVE EINSETZSTELLE** 🔴, die auch wegen der Bahnhofsnähe besonders für iSUPer eine gute Wahl ist.

Wir umrunden die Bucht und paddeln dann hinein in die **STADTBUCHT** von **EUTIN**. Zu einer Stadt wurde der Ort 1257 als Residenz der Fürstbischöfe ernannt. Sie sorgten 1727 auch für den Bau der vierflügeligen Schlossanlage im barocken Stil, der sich gegenüber im Wasser spiegelt. Das hübsche Schloss wartet mit einem ungeahnt mediterran wirkenden Innenhof und dem Schlossmuseum auf. Einst diente der Bau sogar als Kulisse für den Film "Cabaret" mit Liza Minnelli. In einem Nebengebäude findet man das Ostholstein-Museum sowie das **RESTAURANT „SCHLOSSKÜCHE"** 1. Im prachtvollen Schlossgarten, im Stil eines

SUPen in der Eutiner Stadtbucht mit Blick auf das romantische Schloss

Einsetzstelle Alte Schäferei

englischen Landschaftsgartens mit alten Parkbäumen, werden direkt am See die Eutiner Festspiele veranstaltet – auf einer der schönsten Freilichtbühnen Norddeutschlands.

Wer mittwochs oder samstagvormittags unterwegs ist, schlendert über den Wochenmarkt und kehrt entweder im urigen **„BRAUHAUS EUTIN"** 2 , einem der ältesten Häuser der Stadt ein – dort wird Bier nach jahrhundertealter Tradition unfiltriert gebraut und ausgeschenkt – oder gönnt sich schräg gegenüber im **„TOHUUS"** 3 eines der leckeren Fischbrötchen und eine selbstgemachte Limonade in chilligem Ambiente. Abends finden hier regelmäßig tolle Konzerte statt.

Bald stoßen wir auf die Seebühne und schieben nun unsere Bretter etwas auf den See hinaus in Richtung der beiden Inseln. Die **FASANENINSEL**, die größere der beiden Inseln, war vor mehr als tausend Jahren Standort einer slawischen Inselburg mit dem Namen "Utin", dem Machtzentrum der Umgebung. Nach Zerstörung der Burg im 12. Jh. wurde die nachfolgende Siedlung am Ufer errichtet und entwickelte sich zur heutigen Stadt Eutin. Jetzt befindet sich die Insel in Privatbesitz und darf nicht betreten werden.

Eutin hinter uns lassend, paddeln wir entlang des baumreichen Ufers, hinter dem grüne Wiesen hindurchschimmern. An der Spitze einer Landnase wartet ein kleiner Strand samt Sitzbank auf Besucher.

Schilf und Waldesgrün wechseln im weiteren Verlauf mit Wiesen ab. Von der Anlegestelle der Seerundfahrt am ehemals bewirtschafteten Redderkrug sind es dann, vorbei an hübschen Seegrundstücken, nur noch ein paar Paddelschläge zum **AUSGANGSPUNKT** der Tour ●.

Kleiner versteckter Strand am Eutiner See

GROSSER EUTINER SEE

KELLERSEE

ANSPRUCH

𝄞 — 𝄞𝄞𝄞

EINKEHR

Stattliche 560 Hektar groß und bis zu 27 Meter tief ist der malerische See, daher suchen wir uns am besten einen windstillen Tag für unsere SUP-Tour aus.
Dann kann man auf einer Seerunde die stark bewaldeten Ufer, kleinen Badestellen, Inseln und Buchten am besten genießen.

WIND & WETTER

Wegen seiner Ost-West-Ausrichtung und Größe anfällig für Winde aus eben diesen Richtungen mit entsprechender Wellenbildung. Besonders berüchtigt ist der Übergang von der schmalen Fissauer Bucht in den offenen See (hier leider schon öfter Kanuunfälle mit Todesfolge), wo man aus der geschützten Bucht (böige Fallwinde) kommend, plötzlich dem vollen Wind ausgesetzt ist.

BEFAHRUNGSREGELN

Die Ausflugsschifffahrt hat Vorfahrt.

ANFAHRT MIT DEM PKW

ROUTE 1: Autobahn A1 bis Ausfahrt Eutin. Anschließend der B 76 Richtung Eutin folgen. Hinter Eutin über die L174 und im weiteren Verlauf die Sielbecker Landstraße nach Sielbeck (Eutiner Str. 24). Fahrzeit ab HH ca. 1:20 h.

ROUTE 2: Autobahn A1 bis zur Ausfahrt Eutin. Anschließend der B 76 nach Eutin folgen, über die Lübecker Landstraße nach Eutin hinein und weiter über Elisabeth- und Plönerstraße bis zur Schwimmhalle
(Navi: Riemannstr. 46, 23701 Eutin). Fahrzeit ab HH ca. 1:15 h.

PARKEN

ROUTE 1: Gratis Parken (wenige Plätze) an der Badestelle von Sielbeck.

ROUTE 2: Zeitweise gebührenpflichtiges Parken an der Schwimmhalle Eutin (Einstieg). Gebührenpflichtiges Parken am Bahnhof Malente (Ausstieg).

ANFAHRT MIT ÖPNV

ROUTE 1: Mit der Regionalbahn über Lübeck (umsteigen) nach Eutin. Fahrzeit ab HH ca. 1:30 h. Im Idealfall mit dem Bus 5507 in 0:16 h von Eutin Richtung Malente nach Sielbeck-Nord.

ROUTE 2: Mit der Regionalbahn über Lübeck (umsteigen) nach Eutin. Fahrzeit ab HH ca. 1:30 h. Vom Bahnhof 800 m Fußweg durch die Innenstadt zum Stadtparkufer an der Schwimmhalle. In Malente sind es 350 m entlang der Hauptstraße bis zur Bahnstation.

BADEN

- Badeanstalt Wöbbensredder am Westufer des Kellersees.
- Waldbadestelle Prinzenholz-Spitze.
- Badestelle Camping Prinzenholz.
- Hamburger Strand im Osten bei Sielbeck (30 m flacher Sandstrand).
- Freibad Eutin, Schwimmhalle Eutin.

Marktplatz Eutin

SEHENSWERT

» **EUTIN:** Barockes Residenzschloss (1727) mit Schlossmuseum, Englischer Schlossgarten, Eutiner Festspiele, Ostholstein-Museum, Landesbibliothek (Literatur des 18. Jh.), Gallerieholländermühle, Wasserturm von 1909 (die Fotoausstellung zeigt sämtliche Wassertürme Schleswig-Holsteins).

» **MALENTE:** Wassermühle Gremsmühle, 28 Meter hoher Aussichtsturm Neversfelde, Kurpark, Tews Kate (älteste Räucherkate Ostholsteins von 1634) mit Heimatmuseum, Immenhof-Museum auf Gut Immenhof (Rothensande 1).

Jagdschlösschen am Ukleisee

 EXTRA-TIPPS

Östlich der Sielbecker Einsetzstelle liegt, ein paar hundert Meter bergauf, in einem tiefen Trog und gänzlich von Wald umgeben, der **UKLEISEE** (Befahrungsverbot) – einer der schönsten Seen Schleswig-Holsteins) mit seinem spätbarocken **JAGDSCHLÖSSCHEN**. Ein herrlicher **RUNDWANDERWEG** (3 km) führt um den See. In den angrenzenden Wäldern, in denen sich auch das Quellgebiet der Schwentine befindet, gibt es zahlreiche Möglichkeiten diese Wanderung zu verlängern.

KELLERSEE

TOUREN

1 RUNDTOUR KELLERSEE
Abwechslungsreiche Tour mit vielen Rast- und Badeplätzen.
Nur bei Wind problematisch wegen entsprechendem Wellengang.
🔄 | **LÄNGE** 13,5 km | **DAUER** 3-4 h

2 VON EUTIN NACH MALENTE
Über Fluss und See im Schutz des Ufers bei südlichen Winden.
➡ | **LÄNGE** 8 km | **DAUER** 2,5 h

● EIN- & AUSSTIEG
ROUTE 1: EIN- & AUSSTIEG an der Badestelle in Sielbeck am Ostufer.

ROUTE 2: EINSTIEG Fissauer Bucht in Eutin an der Schwimmhalle. Dort gebührenpflichtiger Parkplatz.

AUSSTIEG neben dem Parkhaus an der Gremsmühle in Malente.

ZURÜCK ZUM EINSTIEG RE Richtung Lübeck in 0:05 h zum Bahnhof Eutin.

SUP-VERMIETUNG

1 SUP ADVENTURES MALENTE
mobiler SUP Vermieter in Malente
Tel. 01523-177 72 66
www.sup-adventures-malente.de

2 BOOTE KEUSEN
Sielbecker Landstraße 17
23701 Eutin-Fissau, Tel. (04521) 42 01
www.boote-keusen.de

3 4 KOLULA SUP
(Station in der Box) www.kolula.com

EINKEHR

1 SEEHÜTTE AM KELLERSEE – DAS FISCHBRÖTCHEN CAFÉ
Kellerseestraße 52, 23714 Malente
Tel. (04523) 98 81 78
www.fischbroetchen-cafe.de
Di-So 11-20, Do bis 21 Uhr

KLASSIKER Leckere und sehr frische Fischbrötchen

2 MELKHUS, GUT IMMENHOF
Rothensande 1, 23714 Malente
Tel. (0)4523 88 28-441
Tgl. 12-14.30 & 18-21.30
www.gut-immenhof.de
14.30-17 Kaffee & Kuchen

KLASSIKER Holsteiner Sauerfleisch „Melkhus"

ÜBERNACHTUNG

1 NATURPARK-CAMPING PRINZENHOLZ (Zelt + Schlaffass)
bei Fissau am Kellersee
Tel. (04521) 52 81
www.naturpark-camping-prinzenholz.de

2 CAMPING „AN DER SCHWENTINE"
Wiesenweg 14, 23714 Malente
Tel. (04523) 43 27
www.camping-bad-malente.de

❸ DJH BAD MALENTE

Kellerseestr. 48, 23714 Malente
Tel. (04523) 17 23
www.badmalente.jugendherberge.de

❹ GUT IMMENHOF (hochpreisig)

Rothensande 1, 23714 Malente
Tel. (0)4523 88 28-0
www.gut-immenhof.de

Fissauer Fährhaus

KELLERSEE

Blick auf Holm vom Strand in M

1 AUF DEM GROSSEN BLAUEN SEE 🌶-🌶🌶

Bei Sonnenschein bietet die **HOLSTEINISCHE SCHWEIZ** gar einen Hauch von Karibik und zeigt sich uns von ihrer besten Seite. Das flache Wasser erscheint über dem sandigen Boden an diesem Frühsommertag besonders klar. Richtung Süden, vorbei an einer flachen Insel und einer kleinen Halbinsel, welche die Sielbecker Bucht in zwei Teile trennt, führt uns unsere Tour. Am langen Steg der **KELLERSEERUNDFAHRT**, der hier in den See ragt, liegt das ehemalige **UKLEI FÄHRHAUS** (z.Zt. geschlossen, neuer Betreiber wird gesucht).

Am Ufer breitet sich nun herrlicher Wald mit Erlen, Buchen und Ahornbäumen aus. In Winterstürmen brachen einige ihrer immens dicken Äste, die nun im Wasser liegen und einer Stockentenmutter mit ihren acht gelblich gefiederten Jungen, die erst kürzlich geschlüpft sein müssen, als Versteck dienen. Ein paar hundert Meter weiter gibt eine Lücke im Schilf den Blick auf eine **BADESTELLE**

KELLERSEE

mit Sandstrand frei – den sogenannten „Hamburger Strand". Bald verengt sich der See zur **FISSAUER BUCHT**, in die wir hineinfahren. An ihrem Ende erreichen wir den **LEONHARD-BOLDT-PARK**, ein Platz mit Anlegesteg und dem im Wasser stehenden Kunstwerk "Fliegende hölzerne Gänse auf dem Weg gen Norden", das die Verbundenheit mit dem nahen Dänemark symbolisiert. Das ehemalige Restaurant **FISSAUER FÄHRHAUS** (z.Zt. geschlossen) daneben wurde 1926 von dem bekannten Malenter Portrait- und Landschaftsmaler Leonhard Boldt eröffnet.

Einfahrt in die Schwentine

Hier mündet die aus dem Eutiner See kommende Schwentine in den Kellersee. Nun drehen wir unser Board Richtung Norden und paddeln wieder aus der Fissauer Bucht heraus, vorbei am herrlich gelegenen **NATURPARK-CAMPING PRINZENHOLZ** ❶. An Schlechtwettertagen freut sich der übernachtende Stand up Paddler sicher über die hölzernen Schlaffässer mit Infrarotheizung und den Aufenthaltsraum mit TV, Bücher- und Spiele-Ecke.

Hinter dem Camping verlassen wir die schützende schmale Bucht und blicken auf die große Seefläche. Schon viele Wassersportler sind hier in ernste Schwierigkeiten geraten, weil sie nicht mit plötzlich auftretenden Winden und Wellen rechneten. Aus genau diesem Grunde empfehlen wir die Tour nicht in der Fissauer Bucht zu starten, denn in Sielbeck bemerkt man starken Wind schon beim Start.

Doch heute ist einer jener Tage von denen man im Winter träumt. Nur mit Boardshorts und einem T-Shirt bekleidet, ziehen wir weiter im klaren ruhig daliegenden Wasser und passieren die Spitze des Prinzenholz', wo uns ein wunderbarer Rastplatz erwartet, an dem man herrlich baden und unter hohen Buchen im Schatten dösen kann. Das kleine Waldstück eignet sich auch für einen kurzen Spaziergang

„Gut Immenhof"

KELLERSEE

Die Seen der Holsteinischen Schweiz erinnern an die Mecklenburgischen Kleinseen – nur sind erstere kleiner und es sind weniger Menschen auf dem Wasser

durch alte Buchenbestände. Wenige hundert Meter weiter sehen wir das wohl berühmteste Gut des deutschen Heimatfilms – die "Gut Immenhof"-Filme waren in den 1950er Jahren wahre Kassenschlager. Seit 2021 kann man hier im Hotel **GUT IMMENHOF** ❹ in nordisch-eleganter Atmosphäre übernachten und im **MELKHUS** ❶ nebenan die authentische und frische Küche genießen oder im Hofladen köstliche Produkte aus der Region erstehen.

Die sich vor uns ausbreitenden Schilfflächen verstecken den Ausfluss der Schwentine, der nach Malente führt (SUP-Route 2). In einem Bogen durchqueren wir die Bucht von **MALENTE** mit dem Segelhafen und der öffentlichen Badestelle und verlassen diese, vorbei an der auf einer Landzunge stehenden **JUGENDHERBERGE** ❸. Gleich darauf erblicken wir links eine kleine Insel und dahinter die **"SEEHÜTTE AM KELLERSEE – DAS FISCHBRÖTCHEN-CAFÉ"** ❶. Die leckeren Fischbrötchen werden erst nach Bestellung am Tresen zubereitet.

Gut gestärkt cruisen wir nun entlang des tief bewaldeten Nordufers zurück zum Ausgangspunkt, während in unserem Rücken die Sonne über dem See untergeht.

KELLERSEE

2 VON EUTIN NACH MALENTE

Wer sich für die **2. ROUTE** entscheidet, sollte diese nur bei ordentlichem Wasserstand fahren, da man ansonsten schnell Gefahr läuft, im ersten Teil auf der sich dahinwindenden Schwentine mit der Finne am Grund hängen zu bleiben. Stimmen die Bedingungen, geht es von der **SCHWIMMHALLE EUTIN** direkt in die **SCHWENTINE**, die gesäumt wird von dichten Weidenbüschen und Bäumen. Bevor uns die **FISSAUER MÜHLE** stoppt, schmücken ausgedehnte Wurzelgeflechte alter Buchen das Ufer und an der ehemaligen Wassermühle erwartet uns eine 80 m lange Umtragung.

Nach kurzer Fließstrecke fahren wir am **FISSAUER FÄHRHAUS** (z.Zt. geschlossen) über die **FISSAUER BUCHT** auf den **KELLERSEE** hinaus. Dem Südufer folgen wir bis zum Ausfluss der **SCHWENTINE**, die durch ein ausgedehntes Schilfgebiet nach **BAD MALENTE** mäandert. Am linken Ufer sehen wir den kleinen naturnahen **CAMPING „AN DER SCHWENTINE"** 2, der sich hervorragend für eine Übernachtung eignet. Familien mit Kindern freuen sich über eine große Spielwiese und eine kleine sandige Badestelle. Ein Stück weiter fällt unser Blick am rechten Ufer auf den **KURPARK**, mit einem schönen Bestand aus Sumpfzypressen und amerikanischen Eichen. Er gilt als bedeutendes Gartendenkmal der 1960er Jahre in Schleswig-Holstein und soll einer der schönsten Gärten Deutschlands sein.

Hinter der Eisenbahnbrücke wird die Strömung etwas flotter. Die **GREMSMÜHLE**, eine wasserbetriebene Getreidemühle und Wahrzeichen des Ortes, die noch mit einem sich drehenden Mühlrad aufwarten kann, ist eine der ältesten Mühlen Holsteins. Links vor der Mühle beenden wir die Tour. **ACHTUNG AN DER MÜHLE:** Bei Hochwasser sollte man aufmerksam sein, denn dann zieht eine schnelle Strömung Richtung Mühlradkanal.

Das Fischbrötchen-Café hat eine einladende Terrasse

KELLERSEE

MALENTE - PLÖN

ANSPRUCH | EINKEHR

Wie an einer Perlenkette reihen sich die Seen zwischen Malente und Plön aneinander. Neben den offenen Wasserflächen verstecken sich kleine Buchten oder Nebenseen. Unterwegs blickt man auf Inseln, attraktive Badeplätze, in tiefe Laubwälder und über eine hügelige Weidelandschaft. Kulturell sticht Plön mit seinem Schloss und seiner Altstadt hervor. Praktisch, dass beide Orte durch die Bahn miteinander verbunden sind!

WIND & WETTER

Dieksee und Behler See und natürlich der Plöner See sind wegen ihrer Größe anfällig für Winde aus verschiedenen Richtungen. Es kann daher schnell zu Wellenbildung kommen. Besonders bei den häufigen West-Südwest-Winden. Dies ist bei der Tourenplanung zu bedenken.

ANFAHRT MIT DEM PKW

A1 bis zur Ausfahrt Eutin. Dann der B 76 Richtung Eutin folgen. Hinter Eutin die Abfahrt Malente nehmen und auf der L 174 bis Malente. Auf der Eutiner Straße zum Dieksee fahren. Dann rechts über die Hindenburgallee zum Bahnhof. Fahrzeit ab HH-Zentrum ca. 1:25 h.

PARKEN

Gebührenpflichtiges Parken am Bahnhof Malente (Einstieg). In Plön am Bahnhof (Ausstieg) teils gebührenpflichtig oder alternativ bahnhofsnah gebührenfrei in der Eutiner Straße.

ANFAHRT MIT ÖPNV

Von HH-Hbf. mit der Regionalbahn über Lübeck (umsteigen) nach Bad Malente-Gremsmühlen. 200 Meter zu Fuß zum Dieksee. Fahrzeit ab HH ca. 1:30 h.

In Plön vom Wasserwanderrastpl. 100 m zum Bahnhof. RB mit Umstieg in Lübeck zurück nach HH. Fahrzeit ca. 1:40 h.

BEFAHRUNGSREGELN

- Der nördliche Teil des Behler Sees ist Vogelschutzgebiet und darf nicht befahren werden. Alle Inseln auf dieser Strecke stehen unter Naturschutz und dürfen nicht betreten werden.
- Die Nebenseen Suhrer See sowie die Timmendorfer Teichniederung dürfen aus Naturschutzgründen ebenfalls nicht befahren werden.
- Der Schöhsee ist ein Privatsee und nur für Anlieger frei.
- Die Ausflugsschifffahrt hat Vorfahrt.

BADEN

- Freibad & Schwimmhalle Malente
- Schöner Badeplatz Timmdorf
- Höftsee Badestelle Steintisch
- Plöner See Badestelle Fegetasche
- Schwimmhalle Plön
- Zahlreiche „wilde" Badestellen

SEHENSWERT

- **MALENTE:** Wassermühle Gremsmühle, 28 Meter hoher Aussichtsturm Neversfelde, Kurpark, Tews Kate (1634, älteste Räucherkate Ostholsteins) mit Heimatmuseum, Immenhof-Museum.
- **PLÖN:** Plöner Schloss, Schlossgarten, Prinzenhaus (Rokoko-Lustschloss), Kulturforum, Parnaßturm (1888), Nicolaikirche, Johanniskirche (1685), Altstadt.

TIPP EXTRA-TIPPS

- **HOCHSEILGARTEN MALENTE** auf einem Hügel neben dem Ferienbauernhof „Radlandsichten" (Bauernhof-Café) mit phantastischer Aussicht über die Seen bis zum Plöner Schloss.
- An den verwunschenen Spiegelteichen im **MALENTER WALD** kann man in den **NATUR-KNEIPPBECKEN** ausgiebig kneippen.
- In Plön: **SCHLOSSKONZERTE** (ganzjährig), **JAZZ-FESTIVAL** am See (Mai), **STADT-BUCHT-FEST** mit Drachenboot- und Kutterrennen und Bühnenprogramm (Juni / Juli), **PLÖNER KULTURNACHT** (September).

Altstadt-Idyll Plön

TOUREN

1 5-SEEN-TOUR

Abwechslungsreiche Runde. Highlight ist das reizvolle Plön.

Wegen der offenen Wasserflächen bei Wind teils kräftiger Wellengang.

| **LÄNGE** 12,5 km | **DAUER** 3-4 h

EIN- & AUSSTIEG

AUSSTIEG In der Malenter Stadtbucht gegenüber dem Bahnhof einsetzen.

AUSSTIEG Am Steg des Wasserwanderrastplatzes Plön, Bahnhof nebenan.

ZURÜCK ZUM EINSTIEG Von Plön in 0:08 h mit dem RE Richtung Lübeck Hbf zum Bf Malente-Gremsmühlen.

SUP-VERMIETUNG

1 SUP ADVENTURES MALENTE
mobiler SUP Vermieter
Tel. 01523-177 72 66
www.sup-adventures-malente.de

2 SUP- & KANU-VERMIETUNG PLÖN
Ascheberger Str. 6, 24306 Plön
Tel. (04522) 41 11 oder 593 997
www.kanuvermietungploen.de

MALENTE – PLÖN

EINKEHR

1 BOOTSHAUS AM DIEKSEE
Diekseepromenade 4, 23714 Malente
Tel. (04523) 31 04
www.boots-haus.de
Tägl. ab 11.30 Uhr

KLASSIKER „Malenter Bratkartoffel-Verhältnis" mit Krabben, Roastbeef & Räucherlachs

2 HOTEL FÄHRHAUS NIEDERKLEVEEZ
Am Dieksee 6, 24306 Bösdorf
Tel. (04523) 984 89 89
www.faehrhaus-dieksee.com
Tägl. ab 11.30 Uhr

KLASSIKER Zander auf Blattspinat mit Rosmarinkartoffeln

3 LANDGASTHOF KASCH
Dorfstraße 60, 23714 Malente
Tel. (04523) 33 83
www.landgasthof-kasch.de
Montag & Dienstag Ruhetag

KLASSIKER Traumhafte Torten und köstliche Kuchen

4 RESTAURANT SEEPRINZ
Strandweg 1, 24306 Plön
Tel. (04522) 789 71 55
www.seeprinz-ploen.de
Tägl. ab 10 Uhr

KLASSIKER Seeprinz-Burger

ÜBERNACHTUNG

1 PENSION BRÜCHMANN
Diekseepromenade 19, 23714 Malente
Tel. (04523) 21 41
www.pension-bruechmann.de

2 LANDGASTHOF KASCH
Dorfstraße 60, 23714 Malente
Tel. (04523) 33 83
www.landgasthof-kasch.de

3 ALTES FÄHRHAUS
Eutiner Str. 4, 24306 Plön
Tel. (04522) 798 34 35
www.altes-faehrhaus-ploen.de

Pause beendet!

1 DIE 5-SEEN-FAHRT 🏄🏄

Der bis zu 38 Meter tiefe **DIEKSEE** ist während der letzten Eiszeit entstanden, als Toteis eine tiefe Senke schuf, nach dessen Abschmelzen sich der See bildete. Er ist der erste von fünf Seen, die wir auf unserer Tagestour nach Plön befahren. Vom Bahnhofsparkplatz steigen wir über die Treppen in das Halbrund der **MALENTER STADTBUCHT** 🔴 hinab und setzen, ohne die Ausflugsschiffe zu behindern, unsere Boards ins Wasser. Neugierig werden wir von den auf der Terrasse sitzenden Gästen des Restaurants Villa Colonial beäugt.

Rhythmische Schläge treiben unsere Bretter auf den **DIEKSEE** hinaus. Gleich linker Hand blicken wir auf den Steg des urigen Restaurants **„BOOTSHAUS AM DIEKSEE"** 1, hinter dem sich an der kurzen, aber prunkvollen Seepromenade mehrere Hotels, Pensionen und Kurkliniken aufreihen. Wir bleiben zunächst am nördlichen Ufer und passieren den Strand der Freibadeanstalt von Malente, hinter der sich im Wald ein Wildpark versteckt. Wer genau hinschaut, entdeckt über den Baumwipfeln die Spitze des Holzbergturms von Neversfelde. Von seiner Aussichtsplattform hat man einen grandiosen Blick über den See und die umliegenden Wälder.

MALENTE – PLÖN

Ein wenig bekommen wir das Gefühl in den Weiten Schwedens unterwegs zu sein, als wir direkten Kurs auf die beiden Inseln im See nehmen, die allerdings nicht betreten werden dürfen. Auf der größeren der beiden, dem **LANGENWARDER**, ist die Werft der 5-Seen-Schifffahrt angesiedelt. Gegenüber versteckt sich am Südufer der Picknick- und Kneipp-Platz „Spiegelteiche" im Wald.

Im Schutz des Ufers folgen wir dem schönen Laubwald, vorbei an einer Landnase und dahinter hinein in die Bucht von **NIEDERKLEVEEZ**. Einkehren könnte man dort beim **FÄHRHAUS NIEDERKLEVEEZ** 2 (leckere Bratkartoffeln) und nebenan in der Fischerei Schmidt (Räucheraal, Maränen).

Entlang des verschilften Westufers kommen wir zu einer Lücke im Schilf, wo uns eine Brücke anzeigt, dass wir hier links abbiegen müssen, um in den nächsten See zu gelangen. In der Engstelle befindet sich zwischen dem Bootsanleger **TIMMDORF** und der Brücke ein herrlicher Rastplatz. Gleich hinter der Brücke könnte man rechts in einen 200 Meter langen Stichkanal einfahren, der am „Paddelkreisverkehr" des **LANDGASTHOFS KASCH** 3 2 endet. Sowohl der Kuchen als auch die Bratkartoffeln sollen eine Wucht sein.

Auf dem **LANGENSEE**, der eigentlich eher eine Bucht ist, steuern wir genau auf die Insel **GROSSES WARDER** zu, die das kleine Gewässer vom **BEHLER SEE** trennt. Auf der periodisch beweideten Insel brüten neben Gänsen auch die seltenen Lachmöwen, deren vielstimmiges Geschrei uns in den Behler See hinein begleitet. Wir passieren das flache Wasser vor der Landzunge Adlerhorst und

Hundenase voraus

genießen die Fahrt entlang dichten Laubwaldes bis sich der See erneut verengt. Die bewaldete schmale Durchfahrt führt in den **HÖFTSEE**. Am rechten Ufer der Enge rasten wir unter Erlen und Ahornbäumen an einem großen runden Steintisch mit Sitzbänken und nehmen dann auch gleich noch ein erfrischendes Bad.

Der **HÖFTSEE** selbst sorgt mit seinen hohen, bewaldeten Ufern besonders im bunten Herbst für eine Prise „Kanada-Feeling". Nicht ganz in das urige Bild passen aber die Spitzen der aus dem Wald lugenden Hochhäuser, auf die wir nun zuhalten. Wer Zeit für einen kleinen Abstecher hat, kann linkerhand durch den 20 Meter langen Kanal in den **EDEBERGSEE** einfahren, wo an der Anlegestelle der Seenrundfahrt das neu eröffnete „Lake House" auf Übernachtungsgäste wartet.

Nun zeigen mehrere Stege, dass uns eine kurze **UMTRAGUNG** bevorsteht. Gegenüber leuchten die Wiesen des **WASSERSPORTVEREINS PLÖN FEGETASCHE** (WPF), dessen Vereinshaus in der denkmalgeschützten Ölmühle untergebracht ist. Gleich darauf setzen wir in die leicht strömende Schwentine ein und unterqueren, von dichtem Erlenbewuchs begleitet, die Brücke der B 76, unter der es bei niedrigem Wasserstand und wegen einzelner Steine auch einmal zu flach für unsere Finnen sein kann. Dann entlässt uns der Fluss in den **GROSSEN PLÖNER SEE**.

Wegen seiner schieren Größe kommt es hier häufig zu kräftigem Wind und den daraus resultierenden Wellen, die weniger erfahrenen Stand up Paddlern schnell Probleme bereiten können. Mit Schiffsverkehr vom Hauptanleger der Seenrundfahrt um die Ecke ist ebenfalls zu rechnen.

Vorbei am langgezogenen Sandstrand, der öffentlichen Badestelle von **PLÖN**, halten wir, mit Blick auf den 1913 erbauten Wasserturm, auf die Durchfahrt zwischen der **INSEL OLSBORG** (Betretungsverbot) und dem Ufer zu. Die Insel, auf der sich in den letzten Jahrzehnten eine sehr naturnahe, mittlerweile fast urwaldartige Flora & Fauna entwickeln konnte, ist die Keimzelle des Ortes Plön, dessen Altstadt gleich hinter der Insel am Ufer auftaucht. Im 10. Jh. thronte hier eine erste hölzerne Burganlage der Slawen. Wer die Bucht ausfährt, passiert zunächst den Hafen und das **ALTE FÄHRHAUS** ❸ und blickt etwas weiter auf einen Pavillon, der in den See ragt – das **RESTAURANT SEEPRINZ** ❹. An der Terrasse können wir mit den Stand up Boards direkt anlegen. Lauschige Sofas oder hübsch arrangierte Tische laden ein, sich für die Tour mit einem hausgemachten Burger zu belohnen. Vor dem Restaurant geht es unter der Bahnbrücke hindurch zum **WASSERWANDERRASTPLATZ** 🔴 mit seinen komfortablen Stegen. Der Bahnhof und die darin befindliche Tourist-Info sind nur 100 Meter entfernt.

GROSSER PLÖNER SEE

ANSPRUCH
🍺 – 🍺🍺🍺

EINKEHR
🍺🍺🍺

Unter die Top Ten Deutschlands hat es der 30 Quadratkilometer große See mit seinen 27 Inseln auf jeden Fall geschafft. Wer Glück hat, erblickt hoch oben am Himmel den gleitenden Seeadler und fühlt sich an die Seen Schwedens versetzt. Kulturell ist einiges geboten – Plön mit seinem Schloss und der historischen Altstadt oder die Prinzeninsel, Lieblingsplatz der deutschen Kaiserin Auguste Viktoria.

WIND & WETTER

Der See ist stark dem Wind ausgesetzt, wobei südwestliche Winde vorherrschen, daher unbedingt vor der Fahrt einen Blick auf die Wettervorhersage mit Hauptaugenmerk auf die zu erwartende Windstärke werfen. Viel zu schnell kommen sonst unerfahrene Boarder mit Wind und Wellen nicht mehr klar. Das Tragen von Leash und Schwimmweste sollte keinesfalls vergessen werden.

BEFAHRUNGSREGELN

- Die Inseln im See dürfen nicht betreten werden mit einer Ausnahme (s. Text). Darüber hinaus gibt es Naturschutzgebiete die nicht oder nur auf fest definierten Routen befahren werden dürfen. Dazu gehören das NSG Inseln im Großen Plöner See, die Halbinsel Störland in Seemitte, das Naturschutzgebiet Ascheberger Warder - direkt vor dem Ort Ascheberg -, sowie ein kleines Gebiet am Ufer vor Nehmten.
- Die anderen kleinen Seen der Umgebung (Trammer See, Schöhsee, etc.) mögen verlockend aussehen, sind aber allesamt privat.
- Die Ausflugsschifffahrt hat Vorfahrt.

Umtragestelle am Mühlensee

ANFAHRT MIT DEM PKW

Autobahn A1 bis Autobahnkreuz Bargteheide, dort auf die A21 Richtung Kiel wechseln. An der Ausfahrt Plön / Bornhöved ausfahren und der B 430 bis Plön (Navi: Am Bootshafen, Plön) folgen. Fahrzeit ab HH ca. 1:20 h.

PARKEN

Parken in der Innenstadt rund um dem Bahnhof oder direkt am Wasserwanderrastplatz (teils gebührenpflichtig).

ANFAHRT MIT ÖPNV

Mit der Regionalbahn von HH über Lübeck (umsteigen) nach Plön. Von dort 100 m Fußweg zum Wasserwanderrastplatz. Fahrzeit ab HH 1:40 h.

BADEN

- Freibad auf der Prinzeninsel, Badeplatz an der Spitze der Prinzeninsel.
- Badesteg am Kleinen Plöner See.
- Versteckte Strände am Ufer des klaren Plöner Sees.

Großer Plöner See

SEHENSWERT

» **PLÖN:** Plöner Schloss, Schlossgarten, Prinzenhaus (Rokoko-Lustschloss), Kulturforum, Parnaßturm (1888), Nicolaikirche, Johanniskirche (1685), Altstadt.

 EXTRA-TIPPS

» Besonders im Sommer locken das **JAZZ-FESTIVAL** am See (Mai), das **STADT-BUCHT-FEST** (Juni / Juli), die **PLÖNER KULTURNACHT** (September) und die **PLÖNER SCHLOSSKONZERTE** (ganzjährig) viele Besucher an.

» Der ausgeschilderte **HOLSTEINISCHE SCHWEIZ FERNWANDERWEG** führt auf 53 Kilometern von Plön nach Eutin, vorbei an Seen, durch tiefe Wälder und zum höchsten Berg Schleswig-Holsteins, dem **BUNGSBERG**.

Café Pförtnerhaus Schloss Plön

TOUREN

1. STADTRUNDE
Vom Wasserwanderrastplatz über Kl. & Gr. Plöner See gegen den Uhrzeigersinn um die Prinzeninsel.
| **LÄNGE** 8,5 km | **DAUER** 2-3 h

EIN- & AUSSTIEG
Wasserwanderrastplatz am Bootshafen Plön, gleich neben dem Bahnhof

SUP-VERMIETUNG
1 SUP- & KANUVERMIETUNG PLÖN
Ascheberger Str. 6, 24306 Plön
Tel. (04522) 41 11 od. (04522) 593 997
www.kanuvermietungploen.de

ÜBERNACHTUNG
1 ALTES FÄHRHAUS
Eutiner Str. 4, 24306 Plön
Tel. (04522) 798 34 35
www.altes-faehrhaus-ploen.de

2 NATURCAMPING SPITZENORT
(beheizter Außenpool!)
Ascheberger Str. 76, 24306 Plön
Tel. (04522) 27 69
www.spitzenort.de

3 JUGENDHERBERGE PLÖN
Ascheberger Str. 67, 24306 Plön
Tel. (04522) 25 76
www.ploen.jugendherberge.de

4 EV. JUGEND-, FREIZEIT- & BILDUNGSSTÄTTE KOPPELSBERG
Koppelsberg 12, 24306 Plön
Tel. (04522) 50 72 30
www.himmlische-herbergen.de

EINKEHR

1 RESTAURANT SEEPRINZ
Strandweg 1, 24306 Plön
Tel. (04522) 789 71 55
www.seeprinz-ploen.de
Tägl. ab 10 Uhr

KLASSIKER Seeprinz-Burger und tolle Fischgerichte

2 ALTES FÄHRHAUS
Eutiner Str. 4, 24306 Plön
Tel. (04522) 798 34 35
www.altes-faehrhaus-ploen.de
Fr-So ab 17.30 Uhr

KLASSIKER Holsteinisch- / spanische Küche von Labskaus bis Paella

3 NIEDERSÄCHSISCHES BAUERNHAUS, RESTAURANT „PRINZENINSEL"
Große Insel 1, 24306 Plön
Tel. (04522) 50 87 00
www.prinzeninsel-ploen.de
Montag Ruhetag

KLASSIKER Matjes nach „Hausfrauen Art" mit Bratkartoffeln

1 INSELWELTEN 𝒫 - 𝒫𝒫𝒫

Reicht der Wasserstand für unsere abwechslungsreiche Stadtrundfahrt vom **GROSSEN PLÖNER SEE** über die das Stadtgebiet einschließenden Seen? Antwort gibt uns ein Blick von der Innenstadtbrücke auf beide Seiten des Schwentinearms. Wenn nicht, müssen die Boards 400 m durch die Innenstadt zum Schwanensee (großer Parkplatz) getragen werden. Wenn ja, setzen wir am **WASSERWANDERRASTPLATZ PLÖN** 🔴 ein und paddeln 30 Meter zur Wehranlage (Rollenbahn), heben das Board auf die andere Seite und erreichen mit dem Schwung der fließenden Schwentine unter der Brücke durch den **SCHWANENSEE**. Aber Achtung – es lauern Steine im Unterwasser!

Es geht den kleinen See nordwestwärts, dann biegen wir, uns links haltend, in einen grünen, verwunschenen Tunnel und kommen über ein meist befahrbares Bürstenwehr in den **STADTSEE**. Hübsche Seegrundstücke säumen den etwa 350 Meter langen Abschnitt, bevor wir den **KLEINEN PLÖNER SEE** erreichen. Anders als sein Name vermuten lässt, hat er eine beachtliche Größe, weshalb wir uns im Windschutz des Ostufers halten. Gegenüber einer bewaldeten Mini-Insel befindet sich der Wohnmobilstellplatz Plön, neben dem man auch frei parken kann.

GROSSER PLÖNER SEE

Chillig – an der Terrasse beim „Seeprinz" können wir direkt anlegen

Um eine Halbinsel herum gelangen wir in eine spitz zulaufende kleine Bucht, wo wir im Schilf eine enge Durchfahrt in den dahinterliegenden See finden. Was für ein grünes Kleinod! Spannend geht es weiter, denn an seinem Ufer gegenüber paddeln wir ein kurzes Stück stromauf unter einer Eisenbahnbrücke hindurch, was bei hohem Wasserstand anstrengend sein kann. Jetzt sind wir im **MÜHLENSEE**, an dessen Ende sich neben einer Schwimmsteganlage die **SUP- & KANUVERMIETUNG PLÖN** ❶ befindet.

Die nun folgende Sohlgleite kann bequem stromauf auf einem Steg umgangen werden. Dann kommen wir in einen Ausläufer des Großen Plöner Sees, der sich bald zur **ROHRDOMMELBUCHT** weitet. Ihren scheuen und seltenen Namensgeber sieht man heutzutage höchstens einmal als versprengten Wintergast. Trotzdem halten wir uns in Seemitte, denn in den Flachbereichen der Ufer ziehen Haubentaucher, Blesshühner und viele Entenarten ihre Jungen groß und das Befahren der Schilfbereiche ist eh verboten.

Geradeaus, am Ende der Bucht, träfe man im Schilf auf einen romantischen, engen und etwa 80 Meter langen Kanal, der die Prinzeninsel vom Land trennt und uns – quasi als Abkürzung – direkt in den östlichen Teil des Großen Plöner Sees brächte. Wir wollen jedoch die Prinzeninsel umrunden und paddeln nun um den toll gelegenen **CAMPINGPLATZ SPITZENORT** ❷ (Gaststube, kleiner SB-Markt) herum. Eine flache Engstelle leitet uns dann auf die offene Seefläche des westlichen, Ascheberger Seeteils hinaus. Hier muss man immer mit Wind rechnen. Unsere Boards steuern wir entlang des bewaldeten Ufers der **PRIN-ZENINSEL**. Besonders an sonnigen Frühlingstagen – eine Zeit zu der das Wasser extrem klar ist – beschert uns der See karibische Paddelmomente in grünlich glitzerndem Wasser, Blick auf Wasserpflanzen und Schwärme kleiner Fische. Gut, dass jetzt am Ufer ein längerer Strand zum Baden auftaucht.

Wieder auf dem Wasser, kommen wir zur Inselspitze. An diesem exponierten Platz befindet sich ein kleiner **PAVILLON** – einst Lieblingsplatz der Kaiserin Auguste Viktoria. Namensgebend für die Insel war sicherlich, dass auf ihr die Söhne des letzten deutschen Kaisers in der Landwirtschaft unterwiesen wurden. Wer hier anlandet, kann im nahen **NIEDERSÄCHSISCHEN BAUERNHAUS** aus dem 18. Jh. in der **GASTSTÄTTE „PRINZENINSEL"** 3 einkehren. Das alte Fachwerkhaus mit dem hübschen Biergarten birgt noch Relikte aus der Kaiserzeit und ist umgeben von Weiden mit teils seltenen, alten Haustierrassen und Apfelsorten.

Ein Abstecher in die vor uns liegende Inselwelt des Naturschutzgebietes „Inseln im Großen Plöner See und Halbinsel Störland" ist in der Routenwahl starken Beschränkungen unterworfen. Auf den Inseln brüten unter anderem Seeadler, Schell- und Tafelenten. Frei zwischen den Inseln umherzupaddeln ist verboten, auch wenn für die Ausflugsschifffahrt eine Ausnahmeregelung gilt.

Wir umrunden die Prinzeninsel und passieren nun, auf dem **GROSSEN PLÖNER SEE** paddelnd, die andere Seite der adeligen Insel entlang eines schönen Uferwaldes mit Erlen, Eschen und Ahornbäumen, deren Stämme und Äste sich zuweilen über das Wasser neigen. Das prachtvolle weiße **PLÖNER SCHLOSS** TIPP ist schon von Weitem auf dem Hügel über dem Ort auszumachen. Bevor man es erreicht, beobachten wir auf den Bäumen des kleinen Eilands Sterin große Ansammlungen von Kormoranen.

Schloss und Kirche links liegen lassend, kommen wir bald zum Ausgangspunkt unserer Tour. Das in den See ragende **RESTAURANT SEEPRINZ** 1 ist letzter Anlaufpunkt. Stand up Paddler können am flachen hölzernen Steg anlegen, um sich auf der Seeterrasse zu stärken. Direkt hinter dem weißen Gebäude geht es in den kleinen Stichkanal zum **WASSERWANDERRASTPLATZ** ●.

Oberhalb von Plön thront das Schloss

BISCHOFSSEE & VIERER SEE

ANSPRUCH

🪶 – 🪶🪶

EINKEHR

🍺🍺

Parallel zum Großen Plöner See bieten die windgeschützten Seen eine Tour entlang einsamer Waldbuchten, bestanden von Korbweiden und ausgedehnten Schilffeldern. Immer wieder ergeben sich fantastische Einblicke in eine kleine Inselwelt. Traumhafte Bademöglichkeiten machen die lange, aber ohnehin schon spannende Tour noch abwechslungsreicher.

Vierer See

WIND & WETTER

Der Vierer See ist sehr schmal und bietet in den allermeisten Fällen an irgendeinem Ufer Windschutz.

Die kurze Strecke auf dem Plöner See ist eventuell starken Winden ausgesetzt. Ist dies der Fall, besteht die Möglichkeit, zwischen Bischofs- und Vierer See über einer Kuhweide zu umtragen (ca. 100 m).

BEFAHRUNGSREGELN

- Der Durchgang am Nordende des Vierer Sees hin zum rundlichen Heidensee ist, ebenso wie der kleine See selbst, aus Naturschutzgründen gesperrt.
- Alle Inseln im Bischofssee und Plöner See dürfen aus Naturschutzgründen nicht betreten werden.
- Die Ausflugsschifffahrt hat Vorfahrt.

ANFAHRT MIT DEM PKW

Autobahn A1 bis Autobahnkreuz Bargteheide. Dort auf die A 21 Richtung Kiel wechseln. An der Ausfahrt Trappenkamp ausfahren und der K 52 nach Bosau folgen (Navi: Strandweg).
Fahrzeit ab HH ca. 1:16 h.

PARKEN

Gebührenfrei auf dem großen Waldparkplatz am Badestrand in Bosau, neben dem Bosauer Campingplatz.

ÖPNV

Mit der RB über Lübeck (umsteigen) nach Plön. Vom Segelzentrum Plön, unweit des Bahnhofs, mit der Plöner Motorschifffahrt im Sommerhalbjahr 4x tägl. in einer Stunde bis zu „Strauers Hotel am See" in Bosau. Einsetzen am Bischofssee gleich nebenan an der Slipanlage.

ALTERNATIV, aber umständlich, mit der RB nach Eutin. Dort Anruf-Linien-Taxi 5516 Richtung Bosau. Anmeldung bis 60 Min. vor Abfahrt Tel. 0800-25322532.

BADEN

- Badestrand in Bosau.
- „Kneipp-Badestelle" auf der Waldhalbinsel im Bischofssee.
- Direkt an der Einfahrt der kurzen Durchfahrt vom Plöner in den Vierer See liegt ein romantischer Strand.
- Kleine Badewiese am Nordende sowie Badestelle am Südende des Vierer Sees.
- Schöne Badestelle am Campingplatz Augstfelde.

Bosau: Gasthof Zum Frohsinn

BISCHOFSSEE & VIERER SEE

SEHENSWERT

» **BOSAU:** Vicelin-Kirche St. Petri (1151) – der kleinste Bischofsdom der Welt – mit Konzerten im Sommerhalbjahr, Dunkersche Kate (17. Jh.) mit Ausstellungen.

 EXTRA-TIPPS

» Für jene die gern auch mit dem **FAHRRAD** unterwegs sind, ist eine **UFERNAHE UMRUNDUNG DES PLÖNER SEES** (37 km) eine wunderbare Möglichkeit die Landschaft aus einer anderen Perspektive zu erleben.

» Eine schöne **WANDERUNG** (10 km) führt **RUND UM DEN VIERER SEE**, hinein in den dichten Wald und mitten durch Wiesenwelten, die im Frühsommer von einem Blütenmeer überzogen sind.

Feinster Sand am Strand von Bosau

TOUREN

1. DURCH DIE BOSAUER BUCHTEN ₽-₽₽

Vom Badestrand Bosau um die Insel Bischofswarder in den Bischofssee und zurück. Wem das zu weit ist, der kann Bischofs- & Vierer See einzeln befahren und somit die Strecke halbieren.

◎ | **LÄNGE** 18 km | **DAUER** 3-5 h

● EIN- UND AUSSTIEGE

In Bosau am Badestrand neben dem Campingplatz.

Bei **ANREISE MIT DER MOTORSCHIFF-FAHRT** startet man am Bischofssee.

ALTERNATIV als Campinggast auf dem Camping Augstfelde am Vierer See.

SUP-VERMIETUNG

① SUP- & KANUVERMIETUNG PLÖN
Ascheberger Str. 6, 24306 Plön
Tel. (04522) 41 11 od. (04522) 593 997
www.kanuvermietungploen.de

ÜBERNACHTUNG

① CAMPINGPARK AUGSTFELDE
Augstfelde 1, 24306 Bösdorf
Tel. (04522) 81 28, www.augstfelde.de

② GÄSTEHAUS SEEFRIEDEN IM GASTHAUS ZUM FROHSINN
Bischof-Vicelin-Damm 16
23715 Bosau, Tel. (04527) 269
www.zum-frohsinn.de

③ CAMPING BOSAU
Strandweg 16, 23715 Bosau
Tel. (04522) 94 90
www.camping-bosau.de

EINKEHR

1 RESTAURANT RUSTIKATE CAMPINGPLATZ AUGSTFELDE
Augstfelde 1, 24306 Bösdorf
Tel. 0800-724 32 72
www.rustikate.de
Sa, So ab 12, Mo, Mi, Do, Fr ab 17 Uhr

KLASSIKER Hubertusschnitzel mit Champignons & Zwiebeln

2 BROOKS CAFÉ ACHTER DE MUR
Achter de Mur 2, 23715 Bosau
Tel. (04527) 202
www.hof-brooks.de
Mo & Di Ruhetag

KLASSIKER Leckere Kuchen- & Tortenkreationen

3 GASTHAUS ZUM FROHSINN
Bischof-Vicelin-Damm 16
23715 Bosau, Tel. (04527) 269
www.zum-frohsinn.de
Mo-Fr ab 17, Sa & So ab 12 Uhr

KLASSIKER Wildfrikadellen, Zwiebelsoße, Brechbohnen & Bratkartoffeln

4 STRAUERS HOTEL AM SEE
Gerold Damm 2-4, 23715 Bosau
Tel. (04527) 99 4-0
www.strauer.de
Di ab 17, Mi-So ab 12 Uhr

KLASSIKER Saisonale Küche, mehrfach vom „Der Feinschmecker" prämiert

1 WALDBUCHTEN, INSELN UND SANDSTRÄNDE

Die leichte Brise hat mehr eine erfrischende Wirkung als Einfluss auf unsere Tourenplanung. Ruhig liegt der **BADESTRAND** 🔴 von **BOSAU** im morgendlichen Licht, als wir auf den Plöner See hinauspaddeln, vorbei am kleinen Seglerhafen und dem **CAMPINGPLATZ** ❸. Ein kleines Wäldchen begleitet das Ufer, bevor rechts eine schmale Durchfahrt zwischen der Landzunge und der Insel Bischofswarder in den Bischofssee führen würde. Eigentlich ist er kein „echter" eigener See, sondern eher eine abgetrennte Bucht des Plöner Sees. Wer sich jetzt für einen Moment auf sein Brett setzt und sich treiben lässt, dem bieten sich

Wild wuchernde Erlen am Ufer das Vierer Sees

hervorragende Vogel-Beobachtungsmöglichkeiten. Zunächst geht es aber noch auf dem Plöner See weiter Richtung Norden, am Westufer der **VOGELSCHUTZINSEL BISCHOFSWARDER** vorbei. Auf ihr siedelten schon im 9. Jahrhundert die Slawen und errichteten sogar eine Burganlage. Davon zeugen über 100 Pfahlstümpfe, sowie Steinsetzungen die man unter Wasser fand.

Hinter dem Warder schauen wir, ob ein Schiff der Bosaurundfahrt unseren Kurs kreuzt, dann queren wir die Fahrrinne. Nun wird das Wasser extrem flach und wir paddeln mit etwas Abstand vom Ufer. Ein Genuss, die üppige Unterwasserwelt aus Pflanzen und Fischen zu beobachten, was vom Board aus besonders gut möglich ist. Besonders fasziniert uns die Kante am Übergang zum tiefen Wasser.

Ein wunderhübscher kleiner Sandstrand zeigt uns die Durchfahrt in den **VIERER SEE** an. Eine erfrischende Badepause drängt sich hier im Sommer geradezu auf. Der in dieser Zeit oft flache **VIERERSEEGRABEN** (evtl. 50 m umtragen) bringt uns hinüber in den langgestreckten Vierer See. Mit seinen drei Kilometern Länge und bis zu 500 Metern Breite ist er recht windgeschützt und daher ideal zum SUPen. Vorbei an Kuhweiden, die bestanden sind von alten Erlen, deren Wurzeln weit ins Wasser ragen, werfen wir zuerst einen Blick ans südliche Ufer, wo uns erneut ein kleiner, versteckter Badestrand erwartet. Um den nördlichen Teil des Vierer Sees zu erkunden, passieren wir eine Engstelle im See, halten uns ans linke Ufer und finden uns am nördlichen Seeende alsbald in einer verwunschenen Waldbucht. Auf dem Board sitzend lauschen wir dem Hämmern der Spechte, das aus dem Grün des Blätterdachs über den See hallt. Wer richtig Glück hat, entdeckt vielleicht sogar den extrem seltenen Fischotter, der hier sein Revier hat.

Auf dem Rückweg, jetzt am gegenüberliegenden Ufer, paddeln wir auf die herrlichen Sandstrände des **CAMPINGPARKS AUGSTFELDE** ❶ zu. Wer eh diesen Platz als Ausgangspunkt seiner Tour gewählt hat, kennt vielleicht auch die platzeigene **GASTSTÄTTE „RUSTIKATE"** 🔳 mit seiner guten Küche.

Inzwischen hilft uns eine schmeichelnde Brise aus Achtern gegen die Hitze und macht das Paddeln zum puren Genuss. Zurück auf dem **GROSSEN PLÖNER SEE**, biegen wir alsbald an der Nordspitze der Insel Bischofswarder nach links in den **BISCHOFSSEE** und statten einer kleinen namenlosen Bucht, welche die Form einer fränkischen Bocksbeutelflasche aufweist, einen kurzen Besuch ab. Herrlich ist die Ruhe in der kleinen Waldbucht und die zwei Anliegergrundstücke sind ein wahrer Immobilientraum.

Um die Waldhalbinsel **KLEINES WARDER** herum kommen wir zurück nach **BOSAU**, dessen Anwesen sich ans Ufer der südlichen Bucht schmiegen. Neben der Seerundfahrtbrücke legen wir am **KANURASTPLATZ** an, um das Dorf zu erkunden und unseren Hunger zu stillen. Dafür gibt es auch zahlreiche Möglichkeiten. Zum Beispiel im **GASTHAUS ZUM FROHSINN** ❷❸ oder im nahen **„BROOKS CAFÉ ACHTER DE MUR"** 🔳, 1904 als Backhaus errichtet. Auf dieses wurde schon "Der Feinschmecker" aufmerksam, lobte die im Rahmen der typisch "Englischen Teezeit" angebotenen Torten und kürte den Geheimtipp zu einem der besten Cafés Deutschlands. Vorher werfen wir aber einen Blick in die von Bischof Vicelin im 12. Jahrhundert gegründete **ROMANISCHE FELDSTEINKIRCHE ST. PETRI** –

Kirche in Bosau

übrigens der kleinste Bischofsdom der Welt. Von hier aus betrieb Vicelin im Mittelalter die Christianisierung des slawisch besiedelten Ostholsteins. Seit Jahrzehnten finden in ihr die "Bosauer Sommerkonzerte" statt, ein attraktives Musikfestival mit den unterschiedlichsten Schwerpunkten.

Mit neuer Energie machen wir uns auf den Rückweg und paddeln um die Landzunge herum zurück zum **BOSAUER BADESTRAND** 🔴. Wer es bislang versäumt hat einzukehren, ergattert am besten einen Platz auf der Terrasse des **STRANDBISTROS** ✖, mit Blick auf den tollen See.

SCHWENTINE PLÖN - PREETZ

ANSPRUCH | EINKEHR

Eine äußerst charmante Mischung aus Fluss und See in einem ständigen Wechsel. Üppige Flora und Fauna sowie einige schöne Badestellen bieten die perfekte Kulisse für ein kleines Abenteuer. Auf den Fließabschnitten sollte man sein Board beherrschen, um nicht ungewollt in der Uferböschung zu landen.

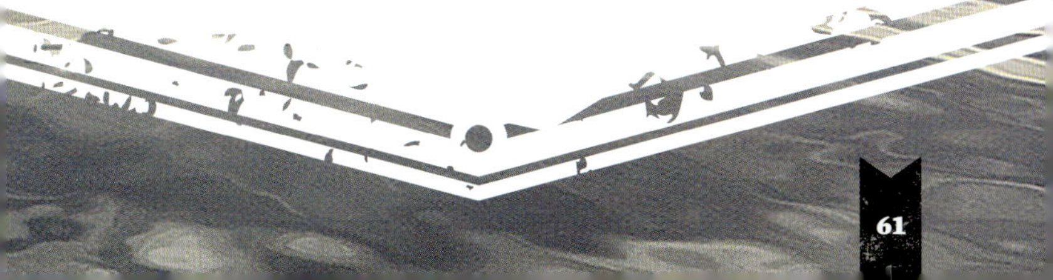

WIND & WETTER

Zwar sind die Seen nicht besonders groß, doch muss auch hier mit stärkerem Wind gerechnet werden. Wetter abwarten, das einem am besten Rückenwind oder Windstille beschert.

BEFAHRUNGSREGELN

- Alle Inseln auf den Seen dürfen nicht betreten werden.
- Darüber hinaus gibt es Naturschutzgebiete, die Uferstreifen und Buchten von einer Befahrung ausnehmen (auf dem Lanker See gehören dazu alle Buchten und Halbinseln auf der westlichen Seite mit einer Ausnahme).
- Im schlauchartigen Teil des Kleinen Plöner Sees gibt es ein Anlandeverbot auf beiden Uferseiten.

ANFAHRT MIT DEM PKW

ROUTE 1: Autobahn A 1 bis Autobahnkreuz Bargteheide. Dort auf die A 21 Richtung Kiel. Ausfahrt Plön / Bornhöved ausfahren und der B 430 bis Plön (Navi: Hamburger Str. 26, Plön) folgen. Fahrzeit ab HH ca. 1:20 h.

ROUTE 2: Autobahn A 1 bis Autobahnkreuz Bargteheide. Dort auf die A 21 Richtung Kiel wechseln. Ausfahrt Preetz ausfahren und der Preetzer Straße in den Ort folgen. An der Kirche in die Seestraße biegen und bis zur Einsetzstelle (Brunnenweg 10) weiterfahren. Fahrzeit ab HH ca. 1:15 h.

PARKEN

ROUTE 1: Gebührenfreies Parken neben dem Wohnmobilstellplatz am Kleinen Plöner See an der Einsetzstelle.
An der offiziellen Ein-/Aussetzstelle der Stadt Preetz, Brunnenweg 10. Wenige Parkplätze vor Ort.

Wassernah – der Plöner Bahnhof

ROUTE 2: An der offiziellen Ein-/Aussetzstelle der Stadt Preetz, Brunnenweg 10. Wenige Parkplätze vor Ort.

ANFAHRT MIT ÖPNV

ROUTE 1: Mit der Regionalbahn über Lübeck (umsteigen) nach Plön. Dann per Bus-Linie 360 in Richtung Ascheberg / Haltestelle Ascheberger Straße, hin zum Ufer des Kleinen Plöner Sees (1,6 km). Fahrzeit ab HH ca. 2:10 h.

ROUTE 2: Mit der Regionalbahn über Lübeck (umsteigen) nach Preetz. Von dort etwas mehr als 1 km Fußweg zum Kirchsee (Brunnenweg 10). Reine Fahrzeit ab HH ca. 1:40 h.

BADEN

ROUTE 1:
- Badeplatz in Wittmoldt (schön und ruhig gelegen).
- Kleine, aber reizvolle Badestelle von Wahlstorf am rechten Ufer des Lanker Sees.
- Strandbad Lanker See (linkes Ufer, Café) vor Abfluss in die Schwentine.

ROUTE 2:
- Kleine Badestelle von Wahlstorf am Lanker See.
- Badestelle Schellhorner Gilde (Lanker See) rechts der Insel Probstenwerder.
- Freibadestelle Preetzer Strandbad.

SEHENSWERT

» **PLÖN:** Plöner Schloss, Schlossgarten, Prinzenhaus (Rokoko-Lustschloss), Kulturforum, Parnaßturm (1888), Nicolaikirche, Johanniskirche (1685), Altstadt.
» **PREETZ:** Adeliges Kloster Preetz (13. Jh.), Heimatmuseum, Holzschuhmuseum.

EXTRA-TIPPS

» Ein Besuch auf dem Plöner **PARNASSTURM** verschafft die besten Ausblicke weit und breit. Nur zur Tageszeit in der Sommersaison geöffnet. Eintritt frei.
» Mit einer Wegstrecke von 74 Kilometern ist der durch Hecken, Felder und Wälder rund um Preetz führende **WANDERWEG SCHUSTERACHT** eher etwas für fitte Radler. Man kann aber auch nur einfach die Nord- oder die Südschleife wählen und die Strecke somit halbieren. Wanderer können den Weg auch in 3-4 Tagen als Weitwanderung zurücklegen.

TOUREN

1 PLÖN NACH PREETZ

In Plön vom Wohnmobilstellplatz am Südufer des Kleinen Plöner Sees bis zum Ufer am Kirchsee in Preetz.

| **LÄNGE** 14 km | **DAUER** 3-4 h

2 RUNDTOUR LANKER SEE

Vom Westufer des Kirchsees in Preetz zum Lanker See, diesen entlang der tief eingeschnittenen Buchten umrunden und zurück nach Preetz.

| **LÄNGE** 14,5 km | **DAUER** 3-4 h

EIN- & AUSSTIEG ROUTE 1

EINSTIEG In Plön am Steg vor dem WoMo-Stellplatz, Hamburger Straße / Ascheberger Straße.

AUSSTIEG In Preetz am Ufer Kirchsee (Brunnenweg 10).

ZURÜCK ZUM EINSTIEG In 0:13 h mit dem RE Richtung Lübeck nach Plön.

EIN- & AUSSTIEG ROUTE 2

Preetz Ufer Kirchsee (Brunnenweg 10)

SUP-VERMIETUNG

1 SUP- & KANUVERMIETUNG PLÖN

Ascheberger Str. 6
24306 Plön
Tel. (04522) 41 11 oder 59 39 97
www.kanuvermietungploen.de

2 CAMP LANKER SEE

Gläserkoppel 3
24211 Wahlstorf
Tel. (04342) 815 13
www.camp-lankersee.de

3 KANUCENTER PREETZ-PLÖN

Kahlbrook 25 a
24211 Preetz
Tel. (04342) 30 95 49
www.kanucenter-ploen.de

SCHWENTINE PLÖN – PREETZ

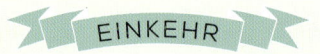

EINKEHR

1 FISCHER BOCK – BISTRO WAHLSTORFER MÜHLE
Lindenallee 1, 24211 Wahlstorf-Hof
Tel. (04342) 812 73
In der Saison von 11-20 Uhr

KLASSIKER Superleckere Fischbrötchen

2 LANDGASTHOF ALTE SCHULE
Lindenallee 6, 24211 Wahlstorf-Hof
Tel. (04342) 787 55 07
www.alteschule-wahlstorf-hof.de
Montag Ruhetag

KLASSIKER La Flûte – überbackenes französisches Baguette mit Fisch, Seranoschinken oder vegetarisch

3 BOOTSHAUS-KANU-CAFÉ KANUCENTER PREETZ-PLÖN
Kahlbrook 25a, 24211 Preetz
Tel. (04342) 30 95 49
www.kanucenter-ploen.de
Mi-Fr 14-20, Sa-So 12-20 Uhr

KLASSIKER Zander, Barsch oder Silbermaränen mit Bratkartoffeln

ÜBERNACHTUNG

1 NATURCAMPING SPITZENORT
(beheizter Außenpool!)
Ascheberger Str. 76, 24306 Plön
Tel. (04522) 27 69
www.spitzenort.de

2 DJH PLÖN
Ascheberger Str. 67, 24306 Plön
Tel. (04522) 25 76
www.jugendherberge.de/543

3 B&B GUT WITTMOLDT
Hof Wittmoldt 1 (auch Hofladen)
24306 Wittmoldt, Tel. (04522) 12 63
www.gut-wittmoldt.de

4 CAMP LANKER SEE
(auch Woodlodges)
Gläserkoppel 3, 24211 Wahlstorf
Tel. (04342) 815 13
www.camp-lankersee.de

5 KANUCENTER PREETZ-PLÖN & NATURCAMPING KIRCHSEE
Kahlbrook 25a, 24211 Preetz
Tel. (04342) 30 95 49
www.kanucenter-ploen.de

SCHWENTINE PLÖN – PREETZ

1 SCHWENTINE „AT IT'S BEST"

Ein guter Platz zum Einsetzen der Boards ist der **WOHNMOBIL-STELLPLATZ** am **KLEINEN PLÖNER SEE**. Die kleine Insel vor uns wird meist von Entenschwärmen umlagert und liegt schnell hinter uns. Wir halten aufs linke Ufer zu, wo weite, saftig grüne Wiesen und Weidendickicht das Bild prägen. Voraus öffnet sich der See nach Norden, hier schwenken wir nach links und folgen seinem schmaler werdenden Verlauf, wo man meist am einen oder anderen Ufer Windschutz findet. Im Frühsommer bringen Rapsfelder Farbe in die Landschaft. Auf ihnen konkurrieren solitäre, uralte Eichen um den schönsten Baum. Dazwischen wechseln sich verschilfte Uferwiesen mit langen Reihen aus Hainbuchen ab. Rechts liegt **GUT WITTMOLDT** 3. Einen besonderen Reiz hat diese Halbinsel, auf der das im Stil des Historismus erbaute Gutshaus steht. In der heutigen Gutshofanlage mit Bed & Breakfast, Ferien- und Gästehäusern werden Seminare und Veranstaltungen zu den Themen Gesundheit, Tanz, Malerei, Literatur und Musik geboten.

Zwei Kilometer weiter taucht vor uns die liebevoll angelegte Badestelle des kleinen Dorfes **WITTMOLDT** auf. Stehpaddler sind willkommen um zu rasten und zu baden, solange sie rechts am kleinen Steg anlegen und nicht an der Badebrücke.

In der Folge erreichen wir das Seeende, wo sich das Gewässer erst einmal zum Fluss wandelt. Durch ein leicht eingeschnittenes Tal schieben wir unsere Boards in der sanften Strömung durch einige Kurven. Neugierige Kühe stehen am Ufer. Erlen- und Weidenäste ragen in die **SCHWENTINE** und formen eine liebliche Auenlandschaft mit teils tunnelartiger Anmutung. Auf diesem Abschnitt müssen wir besonders im Sommer, wenn das Wasser flach ist und sich die Polster und Teppiche des Flutenden Wasserhahnenfußes im Schwentinebett ausgebreitet haben, mit dem Paddel steuernd eingreifen, um nicht am Grund oder in einem der Pflanzenteppiche mit der Finne hängen zu bleiben.

Nach etwa einem Kilometer spuckt uns die Schwentine nach zwei größeren Kurven in den einsamen **KRONSEE** aus. Es lohnt sich unbedingt einen bewussten Blick in die oberen Äste der umstehenden Pappeln zu werfen. Nicht selten können hier Seeadler beobachtet werden, die nach Beute Ausschau halten. Jenseits des Sees folgt erneut ein kurzer, aber schöner Fließabschnitt, bevor sich die Schwentine abermals weitet. Am Ende des **FUHLENSEES** lockt **FISCHER BOCK** mit dem **BISTRO WAHLSTORFER MÜHLE** **1** zur Einkehr. Ein herrlicher Platz! Daneben vermietet Familie Michalzik (Tel. 0173-795 83 19) SUP-Boards. Das Ein- und Aussetzen über den Parkplatz des Cafés und das Parken ist gegen eine kleine Gebühr möglich.

Die Schwentine wird jetzt wieder zum Fluss und fließt durch ein Schilfgebiet, das von Seerosenteppichen gesäumt wird. Rechts taucht dann **GUT WAHLSTORF** auf, eine der schönsten Gutsanlagen des Landes – das imposante Herrenhaus geht auf eine Wasserburg des späten 15. Jahrhunderts zurück. Bei Niedrigwasser sollten wir im Bereich des Gutes ein Auge aufs Unterwasser haben, denn hier strömt es flott. Steine sowie die Überbleibsel einer alten Wehranlage verstecken sich im

Steter Wechsel zwischen Fluss und See – das macht den Reiz der Schwentine aus

Bei Hochwasser werfen wir mal einen Blick in den Erlenbruchwald

Flussbett und könnten bei Unaufmerksamkeit schnell zu einem ungewollten „Absteiger" führen. Kurz darauf entlässt uns die Schwentine in den verschachtelten **LANKER SEE**. Seine Buchten und Inseln machen das Navigieren etwas unübersichtlich. Mit Blick auf die rechts im Schilf versteckte Badestelle von **WAHLSTORF**, nehmen wir Kurs auf eine mit knorrigen Erlen und Weidendickichten bestandene Insel vor uns, passieren diese links und gleiten dann in eine sich verengende Seefläche.

Wo sie sich wieder verbreitert, liegt im Anschluss eine ganze Kette von Wieseneilanden vor uns. Sie versperren den direkten Blick nach Preetz, so dass für Ortsunkundige die Routenwahl unübersichtlich wird. Für den kürzesten Paddelweg halten wir auf die kleinste Insel auf der linken Seite zu und paddeln links daran vorbei. Hinter dem Eiland entdecken wir einen Schwimmsteg der zum **STRANDBAD LANKER SEE** gehört. Im Frühsommer kann man hier hervorragend baden. Im Spätsommer neigt der größtenteils ziemlich flache Lanker See dazu, sich schnell zu erwärmen und somit leider zu ausufernder Algenbildung.

Gleich hinter dem Strandbad verengt sich das Gewässer zu einem schmalen Schlauch, wo links gleich zwei Kanuvereine mit jeweils eigenem Steg eine Übernachtungsmöglichkeit (DKV-Zeltplatz Preetzer TSV und GWW Preetz) anbieten. Die Stege hinter uns lassend, kommen wir nach einer hübschen weißen Fußgängerbrücke in den **KIRCHSEE**. Am rechten Ufer ragt der Steg des **KANUCENTERS & NATURCAMPING KIRCHSEE** ❸ 3 ❺ mit SUP-Vermietung aus dem Schilf, wo im lauschigen Biergarten deftige Holsteinische Küche serviert wird. Direkt gegenüber befindet sich die offizielle **EIN- & AUSSETZSTELLE** 🔴 von **PREETZ**.

2 RUNDTOUR LANKER SEE 🪶🪶

Traumhaftes Seenpaddeln steht uns auf dem Lanker See bevor. Hier gibt es viel zu sehen aber auch viel zu beachten in punkto Naturschutz, denn nach dem Großen Plöner See ist der Lanker See das zweitwichtigste Brutgewässer Schleswig-Holsteins. Die vier Halbinseln auf der Westseite des Sees sind Teil eines Naturschutzgebietes. Geschützt wird ein Habitat aus einem Mosaik urwaldartiger Flächen, verschilften flachen Ufern und beweideten Wiesen. Auch Kraniche kann man mitunter beobachten, meist aber sind nur ihre trompetenden Rufe zu hören.

Gestartet wird an der **OFFIZIELLEN EINSETZSTELLE** 🔴 in **PREETZ**, alternativ am Preetzer Strandbad oder als Campinggast beim Camp Lanker See. Von Norden kommend steuern wir, bevor sich der See richtig öffnet, unsere Boards nach links zwischen dem Nordufer des Lanker Sees und der Inselkette (Betreten

Sommer …
Sonne …
SUP

verboten) entlang. Die kleine feinsandige Badestelle von Schellhorn kündigt sich durch eine blaue Badeinsel an. Auf dem nächsten Kilometer halten wir etwas Abstand zum flachen Ufer und landen bald in der engen **FREUDENHOLMER BUCHT**, an deren Ende der schöne Campingplatz **CAMP LANKER SEE** ④ liegt.

Zurück im **LANKER SEE** lauschen wir in seinem südlichen Teil dem Geschrei der brütenden Kanadagänse und entdecken zwei kleine Badestellen versteckt im Schilfufer. Die kleinen Strände sind wie geschaffen für eine Brotzeit.

Am westlichen Ufer ist die Grenze des Naturschutzgebietes zwar nicht explizit ausgeschildert, wir halten jedoch Abstand zu Buchten und Ufer. Wo der See nach Norden sich wieder verbreitert, ist die nun folgende linke und tief eingeschnittene Bucht die einzige, in die wir hineinpaddeln dürfen.

Der Abstecher ist durchaus lohnend. Ein guter Platz sich in der herrlichen Natur mit Blick in den Himmel im Windschutz der Bucht treiben zu lassen bevor es zurück zum **START** 🔴 geht.

SCHWENTINE PLÖN – PREETZ

POSTSEE

ANSPRUCH
💧 — 💧💧

EINKEHR
🍺

Wenn es an Sommerwochenenden auf der Schwentine nur so wimmelt vor Wassersportlern, ist dieser Spot ein Garant für ruhigen Naturgenuss. Die Kombination aus einem kleinen Stück Fließstrecke mit einem paradiesischen See, der an seinem Ende mit einer schönen Bademöglichkeit aufwartet, macht einfach Spaß!

Entspannende Abendrunde auf dem Postsee

WIND & WETTER
Obwohl der Postsee nicht besonders groß ist, kann wegen der offenen Uferstruktur der Wind über die Wasserfläche streichen und für Wellen sorgen. Nicht umsonst machte die Deutsche Windsurflegende Robby Seeger hier die ersten Schritte mit dem Windsurfboard bevor er mit 16 Jahren ins Surfer-Mekka Hawaii ging.

BEFAHRUNGSREGELN
Das südliche Becken des Postsees darf nur in gerader Linie in Seemitte befahren und Inseln nicht betreten werden.

ANFAHRT MIT DEM PKW
Autobahn A1 bis Autobahnkreuz Bargteheide. Dort auf die A 21 Richtung Kiel, die in die B 404 übergeht. In Nettelsee rechts ab Richtung Preetz. Kurz vor Klein Kühren fährt man über die Einsetzstelle Kührener Brücke (Navi: Nettelseer Str. 103, 24211 Kühren).

PARKEN
EINSTIEG Gebührenfreies Parken auf Schotterparkplatz im Wald neben der Kührener Brücke.

AUSSTIEG An der Straße freies Parken in der Wilhelm-Raabe-Straße 30-40.

ANFAHRT MIT ÖPNV
Nicht möglich.

BADEN
Im nördlichen Teil des Sees.

Pause am kleinen Strand

SEHENSWERT

» **PREETZ:** Adeliges Kloster Preetz (13. Jh.), Heimatmuseum, Holzschuhmuseum.

EXTRA-TIPPS

» Abendlicher Besuch des **KULTURZENTRUM ALTE MEIEREI AM SEE** in **POSTFELD** (Navi: Honigkamp 16), einem Veranstaltungs-Forum für Konzerte der unterschiedlichen Genres – Kabarett, Theater, Comedy, Varieté ...
Infos: Tel. (04342) 844 77 od. 788 01 99, www.alte-meierei-am-see.de

» Mit einer Wegstrecke von 74 Kilometern ist der durch Hecken, Felder und Wälder rund um Preetz führende **WANDERWEG SCHUSTERACHT** eher etwas für fitte Radler. Man kann aber auch nur einfach die Nord- oder die Südschleife wählen und die Strecke somit halbieren. Wanderer können den Weg auch in 3-4 Tagen als Weitwanderung zurücklegen.

Fachwerkidylle in der Schusterstadt Preetz

TOUREN

1. KÜHRENER AU & POSTSEE

Von der Brücke über die Kührener Au (Alte Schwentine) bei Kleinkühren bis zum Ende des Postsees.

➡ | **LÄNGE** 8,5 km | **DAUER** 2-3 h

● EIN- & AUSSTIEG

EINSTIEG An der Kührener Brücke neben der Jugendbildungsstätte (Navi: Nettelseer Str. 103, 24211 Kühren).

AUSSTIEG Am Nordostende des Postsees, an der Wiese neben dem Abfluss der Postau.

ZURÜCK ZUM EINSTIEG Mit 2. Pkw oder zuvor deponiertem Fahrrad.

SUP-VERMIETUNG

1 KANUCENTER PREETZ-PLÖN
Kahlbrook 25 a, 24211 Preetz
Tel. (04342) 30 95 49
www.kanucenter-ploen.de

2 CAMP LANKER SEE
Gläserkoppel 3, 24211 Wahlstorf
Tel. (04342) 815 13
www.camp-lankersee.de

EINKEHR

1 CAFÉ-BISTRO „POSTSEE-TERRASSEN"
an der Schwimmhalle Preetz
Johannes-Gutenberg-Straße 10
24211 Preetz
http://schwimmhalle.preetz.de/Bistro
Di-Fr ab 12/13, Sa, So ab 11 Uhr

2 PREETZER CAFÉSTUBEN
Langebrückstraße 22
24211 Preetz
Tel. (04342) 98 21
www.preetzer-cafestuben.de
Tägl. 9/10-18 Uhr, Montag Ruhetag

KLASSIKER
Leckere Kuchen und Torten

ÜBERNACHTUNG

1 CAMP LANKER SEE
(auch Woodlodges)
Gläserkoppel 3
24211 Wahlstorf
Tel. (04342) 815 13
www.camp-lankersee.de

2 KANUCENTER PREETZ-PLÖN & NATURCAMPING KIRCHSEE
Kahlbrook 25 a
24211 Preetz
Tel. (04342) 30 95 49
www.kanucenter-ploen.de

3 AKZENT HOTEL LANDHAUS SCHELLHORN
Am Berg, 24211 Schellhorn / Preetz
Tel. (04342) 88 86 60
www.landhaus-schellhorn.de

Gemütlichkeit pur – Preetzer Caféstuben

1 EINSAMER NATURGENUSS 𝒫 - 𝒫𝒫

Der Postsee staut sich am Ende der Alten Schwentine auf, die auch **KÜHRENER AU** genannt wird. Wir setzen die Bretter weit in ihrem Unterlauf an der **KÜHRENER BRÜCKE** 🔴 ein. Zwar wäre auch der Oberlauf der "Alten Schwentine" interessant für eine längere Fluss- und Kleinseenfahrt mit dem SUP-Board, doch wurde die Aue seit Jahren nicht mehr freigeschnitten. So haben sich über die Zeit durch häufig auftretende Herbst- und Winterstürme überall abgebrochene Äste und umgekippte Stämme in einem Ausmaß angesammelt, die gemütliches Cruisen unmöglich machen. Dieser Teil bleibt somit den Abenteurern unter den Stehpaddlern vorbehalten, welche ihr Board voll im Griff haben und sich durch die "Wildnis" schlagen wollen.

Über die abschüssige Böschung bugsieren wir die Boards in die **KÜHRENER AU** – auch **„ALTE SCHWENTINE"** genannt. Einmal unterwegs, treiben wir mit der sanften Strömung flussab, zunächst durch ein kleines Waldstück mit dichtem Fichtenbestand, dann unter überhängenden Erlenbäumen hindurch. Anschließend geht es in weiten Bögen durch eine liebliche Wiesenlandschaft. Nach etwa zwei Kilometern spuckt uns die „Alte Schwentine" im **POSTSEE** aus. Dieser See besteht aus zwei Teilen. Die südliche der beiden Flächen darf nur mittig in Richtung der Brücke im Norden durchpaddelt werden, da es sich um einen Privatsee handelt. Das wird an einem windigen Tag eventuell anstrengend, da man nicht im Schutz des Ufers fahren kann. Ausgedehnte Schilfbestände sorgen für ein reiches Vogelleben an den flachen Ufern. Häufig beobachtet man in Gruppen auftretende Tafel-, Reiher-, Stock- und Schellenten oder Blesshühner.

Die **BRÜCKE BEI SIEVERSDORF** ist Teil eines alten, aufgegebenen Bahndammes. Unterhalb strömt es kurzzeitig etwas und es könnte bei niedrigen Wasserständen zu Steinkontakt kommen. Gleich nebenan auf einer Wiese befinden sich die Siedlungsreste einer alten Slawen-Burg, von der man allerdings nur noch einen Erdhügel und angedeutete Gräben erkennen kann. Die Kührener Au war einst Teil des Limes Saxoniae und ab etwa 800 n. Chr. Grenzwall zwischen Sachsen und Slawen und somit durchaus von historischer Bedeutung.

Hinter der Brücke müssen wir im Sommer den Weg durch Seerosen finden, die sich auf großer Fläche ausbreiten. Eine Durchfahrt ist aber rechter Hand erkennbar, weil hier auch Angelboote regelmäßig verkehren.

Nebelstimmung im Herbst

Ganz allein! Mitten im Sommer auf dem großen Postsee.

Auf dem nördlichen Seeteil des Postsees können wir uns das Ufer nun frei aussuchen. Während das linke flacher und fast durchgängig von Schilf umstanden ist, erheben sich am rechten Ufer einige sanfte Hügel. Auch zwei kleine Halbinseln wollen hier umpaddelt werden. Bald erreichen wir Preetz. Hier können wir vor dem Abfluss der **POSTAU** rechts am kleinen **STRAND** ✺ neben der Wiese des Robinson Spielplatzes anlegen und die schöne Fahrt beenden.

Alternativ kann man auf der Postau weiter zur Schwentine paddeln, muss dafür aber in Preetz vor der Sohlgleite rechts an einem kleinen Steg anlegen und über die stark befahrene Straße hinweg umtragen.

In der Schusterstadt **PREETZ** blühte über viele Jahrhunderte das Schumacherhandwerk. Im späten 19. Jahrhundert kamen auf 4.600 Einwohner 160 Schuhmachermeister, 360 Schuhmachergesellen und 160 Schuhmacherlehrlinge. Heute erinnert die Skulptur eines Schusterjungen an diese Zeit, ebenso wie das jährlich stattfindende Schusterfest. Einkehren wollen wir noch im Garten der nostalgischen **PREETZER CAFÉSTUBEN** 2, einem stilvollen Patrizierhaus von 1630. Der romantische Garten reicht bis zum Ufer der Schwentine, wo man am hauseigenen Steg an- und ablegen kann. Aber das wäre ja schon wieder eine neue Tour…

POSTSEE

SCHWENTINE PREETZ - KIEL

ANSPRUCH | EINKEHR

Auf der fast reinen Flusstour paddeln wir auf der mäandernden Schwentine entlang grüner Wiesen und durch verwunschene Waldtunnel. Wegen der ab und an flotten Strömung, den zahlreichen Kurven und der möglichen Hindernisse, sollte man sicher fahren können.

WIND & WETTER

Wegen der geschützten Lage im Schwentinetal spielt Wind auf der Strecke keine große Rolle. Nur am Rosensee könnte er sich bemerkbar machen.

BEFAHRUNGSREGELN

- Aus Naturschutzgründen darf der rechte Nebenarm der Schwentine beim Gut Rastorf nicht befahren werden.
- Die Spoolsau, ein von rechts mündender sehr enger Wiesenbach, bitte aus denselben Gründen nicht befahren.
- Die Ausflugsschifffahrt im Mündungsbereich bei Kiel hat Vorfahrt.

ANFAHRT MIT DEM PKW

Autobahn A1 bis Autobahnkreuz Bargteheide. Dann A 21 Richtung Kiel bis Ausfahrt Preetz und der Preetzer Straße in den Ort folgen. An der Kirche in die Seestraße biegen und bis zur Einsetzstelle am Kirchsee (Brunnenweg 10) fahren. Fahrzeit ab HH ca. 1:15 h.

PARKEN

Offizielle Ein-/Aussetzstelle der Stadt Preetz, Brunnenweg 10. Wenige Parkplätze vor Ort.

ANFAHRT MIT ÖPNV

HINFAHRT Mit der Regionalbahn über Lübeck (umsteigen) nach Preetz. Von dort etwas mehr als 1 km Fußweg bis zum Ufer des Kirchsees (Brunnenweg 10). Reine Fahrzeit ab HH ca. 1:40 h.

RÜCKFAHRT Für die Rückfahrt nimmt man an der Haltestelle Wellingdorf den Bus der Linie 11 oder 100 bis zum Kieler Hauptbahnhof. Von dort geht es mit der Regionalbahn nach Preetz.

BADEN

- Badestelle am Rosensee.
- Schwentinepark mit Freibad in Raisdorf / Schwentinetal.

SEHENSWERT

» **PREETZ:** Adeliges Kloster Preetz (13. Jh.), Heimatmuseum, Holzschuhmuseum.
» **KIEL:** Rathausturm (1911, Vorbild ist der Glockenturm des Markusdoms in Venedig), Warleberger Hof mit Stadtmuseum, Kunsthalle, Industriemuseum Howaldtsche Metallgießerei, Aquarium GEOMAR, Kieler Schifffahrtsmuseum, Zoologisches Museum mit der „Walhalle" – zeigt das Skelett eines Blauwals und eines Belugawals.

TIPP EXTRA-TIPPS

» Besuch des 40 Hektar großen **WILDPARKS SCHWENTINETAL** (Streichelzoo, Abenteuerspielplatz, Restaurant, Schwimmbad) mit rund 400 Wild- und Haustieren vieler heimischer Gattungen.

» Einen **SPAZIERGANG DURCH DEN KIELER HAFEN**, immer so nah wie möglich entlang der Ufer, sollte man unbedingt einplanen. Alte Segelschiffe, riesige Kreuzfahrer und Fähren, Kaianlagen mit Kränen und der Blick auf das nimmermüde, quirlige Hafenbecken faszinieren jeden.

TOUREN

1. FEINE FLUSSTOUR 🏄🏄
Auf der Schwentine vom Preetzer Kirchseeufer zur Schwentinemündung in Kiel.
Unterwegs eine lange Umtragung von 1,7 km, evtl. Tour abkürzen.

➲ | **LÄNGE** 16,5 km | **DAUER** 4-5 h

✱ EIN- & AUSSTIEG
EINSTIEG Preetz, Westliches Kirchseeufer (Brunnenweg 10).

AUSSTIEG In Kiel unter der Brücke der B 502 zwischen den Kieler Ortsteilen Dietrichsdorf und Wellingdorf.

ZURÜCK ZUM EINSTIEG In 0:20 h mit dem Regional-Express Richtung Lübeck Hbf bis zum Bahnhof Preetz.

SUP-VERMIETUNG

1. KANUCENTER PREETZ-PLÖN & NATURCAMPING KIRCHSEE
Kahlbrook 25 a
24211 Preetz
Tel. (04342) 30 95 49
www.kanucenter-ploen.de

2. SURF DEPOT KIEL
Volbehrstr. 43
24119 Kronshagen
Tel. (0431) 617 22
www.surfdepotkiel.de

ÜBERNACHTUNG

1. TSV KLAUSDORF E.V.
Wiesenhörn 5
24222 Schwentinental
Tel. 0172-801 85 84
www.tsv-klausdorf.de/kanu

2. ELLERBEKER TURNVEREINIGUNG / KANUABTEILUNG
Scharweg 10, 24149 Kiel
Tel. (0431) 240 62 00 & 0151-425 299 70 (möglichst Voranmeldung)
www.etvkanusport.de

3. AM SEGELHAFEN HOTEL
Schönberger Straße 32-34
24148 Kiel
Tel. (0431) 72 99 00
www.am-segelhafen-hotel.com

Am Ausstieg unter der Brücke der B 502

SCHWENTINE PREETZ – KIEL

EINKEHR

1 RESTAURANT ATHENA FREIBAD SCHWENTINENTAL

Jahnstr. 19, 24223 Schwentinental
Tel. (04307) 822 94 81
www.athena-schwentinental.de
Tägl. ab 17 Uhr, So & Fei ab 12 Uhr
Dienstag Ruhetag

KLASSIKER Stifado – Lammbraten aus der Keule mit Perlzwiebeln & Rosmarinkartoffeln

2 OBSTQUELLE SCHUSTER

Rastorfer Mühle 3
24223 Schwentinental
Tel. (04307) 294, www.obstquelle.de
Mi, Do, Fr 11-18 Uhr, Sa, So 10-17 Uhr

Sympathischer Hofladen mit Obst, Fruchtsäften, Wein, Käse und Wurst aus der Region

3 OPPENDORFER MÜHLE

Möhlenweg 9, 24232 Schönkirchen
Tel. (04348) 16 28
www.oppendorfer-muehle.de
Tägl. ab 12 Uhr, Mittwoch Ruhetag

KLASSIKER
Günstige Deutsche Hausmannskost

4 ALTE MÜHLE

An der Holsatiamühle 8, 24149 Kiel
Tel. (0431) 205 90 01
www.altemuehle-kiel.de
Tägl. ab 11.30 Uhr

KLASSIKER „Mühlenpfanne"- 3 Steaks mit knackigem Pfannen-Gemüse & Bratkartoffeln

Los geht's am Preetzer Kirchsee

1 DAS GRÜNE BAND DER SCHWENTINE 🏓🏓

Am Westufer des **KIRCHSEES** 🔴 sind die Boards mit den festgezurrten Packsäcken schnell ins Wasser geschoben. Gemütlich geht es an sein Nordende, wo eine Fußgängerbrücke den Ausfluss der **SCHWENTINE** überspannt. Kurzzeitig wird die Strömung ungewöhnlich flott. Bei höheren Wasserständen müssen wir unter den Brücken die Köpfe einziehen oder uns eventuell sogar kurz aufs Board setzen. Dann passieren wir die letzten grünen Ausläufer der Stadt, und das von links zufließende Schwallwasser der Postau drückt die Bretter auf die rechte Flussseite. Hinter den Bäumen versteckt sich das **ADELIGE KLOSTER PREETZ**, in dem ritterliche Familien und wohlhabende Lübecker Bürger ihre Töchter im Benediktinerinnen-Konvent ausbilden ließen.

Hinter der Brücke der Bundesstraße schweift unser Blick über eine weite Wiesenlandschaft in der Highland Rinder weiden. Fesselnd ist aus der erhobenen Position auch der Blick ins klare Wasser und auf die artenreiche Fauna am Flussgrund. Im Sommer können allerdings der schnell wachsende Wasserhahnenfuß und die Wasserpest an manchen Stellen das Paddeln erschweren, weil die Finne im Unterwasserbewuchs hängen zu bleiben droht.

Am **GUT RASTORF** (privat), das auf einen Rittersitz mit einer Wasserburg zurückgeht, spannt sich eine weitere Fußgängerbrücke über den heiligen Fluss

SCHWENTINE PREETZ – KIEL

der Slawen. **Hier teilt sich die Schwentine in zwei Arme.** Wir halten uns mit den Boards an den linken Abzweig, da der rechte aus Naturschutzgründen nicht befahren werden darf. Die „grüne Hölle"die jetzt folgt, besteht aus Auwald und Buchenmischwald und ist an den höher gelegenen Hängen oft von einem weißen Teppich aus Buschwindröschen bedeckt. Dieser Abschnitt ist einer der einsamsten und vielleicht schönsten Fließabschnitte auf der gesamten Schwentine und ein enormer Genuss – besonders im Frühjahr, wenn die Bäume im frischen Grün erspießen und vielstimmiges Vogelgezwitscher aus dem Wald schallt. Häufig ist das schrille Pfeifen des Eisvogels zu vernehmen und einen Moment später schießt er mit seinem blau-orangenen Gefieder am Stand up Paddler vorbei. Vor lauter fasziniertem Schauen sollten wir nicht vergessen unsere Bretter aufmerksam zu steuern, denn die überhängenden Äste der Bäume greifen nach uns oder liegen auch mal als Hinderniss im Wasser.

Wo der Fluss eine 180-Grad-Schleife bildet, findet sich an der dadurch entstandenen Halbinsel „Am Weinberg" eine hervorragend Raststelle im offenen Buchenwald. Dann staut sich das Wasser zum **ROSENSEE** hin, an dessen Ende zwei Wasserkraftwerke die Howaldt-Werft in Kiel mit Strom versorgen. Der stellenweise extrem flache Stausee ist auch ein guter **ENDPUNKT** 🔴 für alle, die nicht 1,7 km umtragen wollen und in Schwentinental die Tour am linken Ufer neben der Autobrücke der B 202 beenden möchten, wo man auch parken kann.

Achtung! Runter mit dem Kop

Vorbei am Raisdorfer Kanu-Klub, ist das erste Wasserkraftwerk erreicht. Wer die ganze Tour machen möchte, nimmt sein Board unter den Arm und macht sich durch den Wald zu einer 1,7 Kilometer langen **UMTRAGUNG** auf, denn der kurze Fließabschnitt zwischen beiden Kraftwerken ist Naturschutzgebiet und darf nicht bepaddelt werden! Unterwegs passiert man den **SCHWENTINEPARK** mit Freibad und frei zugänglichen 40 Hektar großen **WILDPARK SCHWENTINENTAL**. Die ebenfalls am Weg liegende **„OBSTQUELLE SCHUSTER"** 2, ein Obstbaubetrieb mit Hofladen, bietet neben Obst und Säften viele andere landwirtschaftliche Produkte aus der Region. An der dritten Brücke wechseln wir auf die rechte Flussseite und setzen an der ersten Einsetzstelle am Steg wieder ein.

Auf der nun flott strömenden Schwentine können, abhängig vom Wasserstand, immer wieder flache Sandbänke das Paddeln erschweren. Nach ein paar hundert Metern wartet das beliebte Ausflugslokal **OPPENDORFER MÜHLE** 3 auf seine Gäste. Ein Stück weiter passieren wir den Anleger der Ausflugsschifffahrt Schwentinetalfahrt und achten von jetzt an auf dem schmalen Fluss auf entgegenkommende Motorboote. Mit kaum merklicher Strömung geht es auf der tief in die Landschaft eingeschnittenen Schwentine, beidseitig von schönem Wald flankiert, auf die Stelle zu, wo sich der Fluss in zwei paddelbare Arme aufteilt. Die dadurch entstandene Insel ist Brutplatz von Gänsen und Enten, bietet aber auch vielen Singvögeln einen Lebensraum. Aus den Kronen alter Erlenbäume ist das Hämmern der Spechte zu vernehmen. Kurz vor Zusammenfluss der beiden Schwentinearme liegt im linken Arm das Gelände der Kanuabteilung des **TSV KLAUSDORF** 1, wo auf Nachfrage gezeltet werden kann.

Die verbleibenden drei Kilometer bis **KIEL-WELLINGDORF** sind, angesichts der nahen Landeshauptstadt, überraschend wild. Das liegt wohl auch an den sumpfigen Ufern. Man staunt daher nicht schlecht, wenn man auf den ins Wasser ragenden Baumleichen Schildkröten entdeckt. Unter der hoch über dem Fluss schwebenden Eisenbahnbrücke geht es auf die breite Autobrücke der B 502 zu. Unter ihr können wir die Boards über eine Rampe an Land tragen und die **TOUR BEENDEN**.

Unmittelbar hinter der Brücke rechts, kurz vor dem Wehr, besteht in der DKV-Kanustation (WC & Dusche) bei der **ELLERBEKER TURNVEREINIGUNG** 2, oberhalb des Schwimmstegs, für Einzelpaddler und kleine Gruppen die Möglichkeit zu zelten. Nur wenige Meter weiter können wir uns im Restaurant **ALTE MÜHLE** 4 hinter dem Schwentinestau mit gutem Essen belohnen.

KIELER INNENFÖRDE

ANSPRUCH
🪝🪝🪝

EINKEHR
🍺🍺🍺

Vom historischen Traditionssegler bis hin zu riesigen Fähren wird einem im Kieler Hafen alles begegnen was schwimmt. Auch die industrielle Umgebung mit Docks, Kränen, hohen Spundwänden und Landungsbrücken sind echte Kontrapunkte und für jeden faszinierend.

ACHTUNG: Diese Tour ist NUR sehr erfahrenen Stand up Paddlern vorbehalten!

Stena Line-Terminal im Morgenlicht

WIND, WETTER & ANDERE SCHWIERIGKEITEN

Je weiter wir uns im inneren Bereich der Hörn (Hafenspitze, die den südlichen Abschluss der Kieler Förde bildet) befinden, desto geschützter sind wir vor dem Wind. Doch sobald man sie verlässt, muss man trotz der kleinen Wasserfläche mit kabbeligen Wellen des Schiffsverkehrs unter erschwerten Bedingungen zurechtkommen.

Tatsächlich ist es so, dass auch bei Windstille die durch den Schiffsverkehr erzeugten Kreuzwellen aus den verschiedensten Richtungen kommen und weniger erfahrene Paddler schnell an ihre Grenzen bringen.

Wind bedeutet dann noch eine zusätzliche Erschwernis, besonders wenn er aus Richtung der Ostsee weht.

Diese Tour unternimmt man daher **nur bei optimalen Wetterbedingungen** sehr früh **morgens an einem Wochenende**, wenn der Schiffsverkehr nicht ganz so intensiv ist wie an Wochentagen. **Kenntnis der Vorfahrtsregeln und Binnenschifffahrtszeichen** und das Wissen um die eigene „Unsichtbarkeit" begleiten uns dabei.

BEFAHRUNGSREGELN

- Man muss wissen: Schiffe haben einen extrem langen Bremsweg und der Platz zum Manövrieren im engen Hafenbecken ist stark begrenzt.
- Die Berufsschifffahrt hat generell Vorfahrt, ebenso unter Segel fahrende Boote.
- Wir halten uns, außer für kurze, direkte und notwendige Querungen, immer außerhalb des Fahrwassers auf und paddeln so, dass andere Verkehrsteilnehmer unser Verhalten berechenbar einschätzen können.
- Trotz der Tatsache, dass „private" Motorboote theoretisch auf offenen Wasserflächen ausweichen müssen, sollte man nicht auf sein Recht bauen, weil man viel zu leicht übersehen wird. Am besten weicht man allen Motor- und Segelschiffen jeder Größe frühzeitig deutlich aus, so dass es gar nicht erst zu einer kritischen Situation mit Kollisionsgefahr kommt.
- **Schwimmweste & Leash sind Pflicht!**

ANFAHRT MIT DEM PKW

Autobahn A7 bis Ausfahrt Blumenthal, dann der A 215 bis Theodor-Heuss-Ring / B 76 in Kiel folgen. Dort über die Sörensenstraße und Bahnhofstraße bis Adolf-Westphal-Straße fahren. Fahrzeit ab HH ca. 1:15 h. Wegen Baustellen auf der A7 und A 215 kann die Fahrt über die A1, A 21 und B 404 sinnvoller sein.

PARKEN

Gebührenpflichtige Parkplätze (Kurzparktickets, Tagestickets) unter der Gablenzbrücke (Adolf-Westphal-Str. 2, 24143 Kiel).

ANFAHRT MIT ÖPNV

Mit der Bahn zum Kieler Hauptbahnhof. Von hier 700 m Fußweg zu den Treppen am Ende der Kieler Hörn. Fahrzeit ab HH ca. 1:15 h.

BADEN

- Hörnbad mit 50-Meter-Bahnen und Wasserrutsche.
- Im Seebad Düsternbrook mit seiner langen Seebrücke gibt es eine Bademöglichkeit in der Förde.

SEHENSWERT

KIEL: Rathausturm (1911, Vorbild ist der Glockenturm des Markusdoms in Venedig), Warleberger Hof mit Stadtmuseum, Kunsthalle, Industriemuseum Howaldtsche Metallgießerei, Aquarium GEOMAR, Kieler Schifffahrtsmuseum, Zoologisches Museum mit der „Walhalle" – zeigt das Skelett eines Blauwals und eines Belugawals.

Kieler Rathaus

 EXTRA-TIPPS

» Ein **SPAZIERGANG AUF DER KIELLINIE** ist fast schon Pflicht. Die Promenade ist an der Landseite gesäumt von einer Reihe von Bootshäusern der Ruder-, Kanu- und Segel-Vereinen, dem Helmholtz-Zentrum für Ozeanforschung sowie dem Institut für Weltwirtschaft.

» Wer abends unterwegs sein will, geht in **"DIE PUMPE"**, 1979 als Kultur- & Kommunikationszentrum eröffnet. Auf 2.000 Quadratmeter entstanden Arbeits-, Veranstaltungs-, Kino-, Gastronomie-, Disco-, Bar- und Büroräume.

» Die **KIELER WOCHE** (letzte Juni-Woche) ist eines der größten Volksfeste mit jährlich rund 3 Mill. Gästen – Segelevent mit Tausenden von einzelnen Veranstaltungen und Spaß für die ganze Familie. Höhepunkt ist die Windjammerparade, wenn sich am Samstagvormittag knapp 100 Großsegler und Traditionsschiffe zur Geschwaderfahrt formieren (gute Aussichtsplätze z.B. in Friedrichsort, Heikendorf, Laboe).

TOUREN

1 HAFENRUNDFAHRT
Vom Hörnhafen neben dem Kieler Hauptbahnhof zum Seebad Düsternbrook & zurück.
NUR für sehr erfahrene SUPer
| **LÄNGE** 9,5 km | **DAUER** 2-3 h

● EIN- & AUSSTIEG
An den Hörnhafen-Treppen neben dem Kieler Hauptbahnhof.

Seebad Düsternbrook

SUP-VERMIETUNG

1 SURF DEPOT KIEL
Volbehrstr. 43
24119 Kronshagen
Tel. (0431) 617 22
www.surfdepotkiel.de

2 SEEBAD DÜSTERNBROOK
Kiellinie 130
24106 Kiel
Tel. (0431) 341 85
www.seebad-duesternbrook.com

KIELER INNENFÖRDE

EINKEHR

1 KIELER HAFEN CAFÉ
Am Germaniahafen 6, 24143 Kiel
Tel. 01575-669 24 34

KLASSIKER Der leckere Kaffee und die hausgemachte Pizza

2 LAGOM RESTAURANT & BAR
Düsternbrooker Weg 38, 24105 Kiel
Tel. (0431) 56 83 74
www.lagom-kiel.de
Tägl. ab 11.30 Uhr

KLASSIKER Geschmorte Ochsenbacke mit Kartoffelselleriestampf

3 MOBY
Kiellinie 61a, 24105 Kiel
www.mobykiel.de
Täglich ab 11 Uhr

KLASSIKER Innen saftig, außen knusprig – so lieben wir unsere Fish & Chips

4 SEEBAR IM SEEBAD DÜSTERNBROOK
Kiellinie 130, 24106 Kiel
Tel. (0431) 341 85
www.seebad-duesternbrook.com
Tägl. ab 10 Uhr

KLASSIKER
Sommerliche Grill-Leckereien

Germaniahafen

Musik in der Seebar

ÜBERNACHTUNG

❶ JUGENDHERBERGE KIEL
Johannesstr. 1, 24143 Kiel
Tel. (0431) 73 14 88
www.kiel.jugendherberge.de

❷ B&B HOTEL KIEL-CITY
Kaistraße 70, 24114 Kiel
Tel. (0431) 55 72 70
www.hotelbb.de/de/kiel-city

❸ KANU-VEREINIGUNG KIEL E.V.
Düsternbrooker Weg 44, 24105 Kiel
Tel. (0431) 56 66 74
www.kv-kiel.de (einige wenige Zeltplätze)

Einsetzen vor dem Hörncampus

1 EINE HAFENRUNDFAHRT DER BESONDEREN ART 🏴🏴🏴

Auf den hohen Anspruch und die damit verbundenen Voraussetzungen dieser Tour haben wir im Infoteil vorab ausführlich hingewiesen. Man sollte auf dieser Tour wirklich wissen was man tut, um zu vermeiden, dass nicht auch in Kiel, wie in Hamburg geschehen, der ganze Hafen für Stand up Paddler gesperrt wird.

Mit dem Zug angereist, verlassen wir den Bahnhof **KIEL** mit dem iSUP im Rucksack stilvoll über eine Replik der Kaisertreppe, ehedem angelegt, damit der Kaiser auf kürzestem Weg ins Hafenbecken zu seiner Yacht kommen konnte. Wir müssen an der Einsetzstelle, den **TREPPEN DER HÖRN** ●, allerdings unsere „Yacht" erstmal aufpumpen, dann können wir einsetzen und aus dem rechteckigen Hafenbecken hinauspaddeln. Bevor wir unter der Fußgänger-Klappbrücke „Hörnbrücke" hindurchfahren, machen wir rechts einen kleinen Abstecher in den **GERMANIAHAFEN**. Das neugestaltete Becken beherbergt seit

2004 den Museumshafen. Liebhaber traditioneller Boote finden ein buntes Bild, das von kleinen Küstenfischerbooten bis hin zu großen Marstal-Schonern reicht. In Zusammenarbeit mit anderen Museumshäfen ist hier ein ständig wechselndes Arrangement von Schiffen zu sehen. Durch das Kommen und Gehen der Schiffe wird dem Besucher stets ein lebendiges Hafenbild vor Augen geführt.

Gleich hinter der Hörnbrücke öffnet sich langsam die **KIELER FÖRDE**. Linker Hand befindet sich ein Anleger der Kieler Fördeschifffahrt. Hier herrscht immer viel Betrieb und wir müssen aufmerksam den Verkehr und die gigantischen Skandinavien Fähren, die zu beiden Seiten ihre Landungsbrücken haben, im Blick behalten. Rechts geht es nach Oslo (Abfahrt 14 Uhr / Ankunft 10 Uhr), während die linke Fähre nach Göteborg fährt (Abfahrt 18:45 Uhr / Ankunft 9:15 Uhr). Die genannten Zeiten sind variabel und blind verlassen sollte man sich nicht auf sie. Zu den Abfahrtszeiten müssen wir daher besondere Aufmerksamkeit walten lassen und besser größtmöglichen Abstand halten.

Hinter den Fähren öffnet sich die Förde, von der Jules Verne 1881 schrieb: "Die Kieler Bucht ist ohne Zweifel eine der schönsten und sichersten von ganz Europa. In diesem geräumigen Wasserbecken könnten alle Flotten der Erde Schutz suchen und sogar manövrieren …". Die Stadt Kiel wurde allerdings wegen seiner Marineanlagen im Zweiten Weltkrieg zu großen Teilen zerstört. Der Wiederaufbau erfolgte großflächig in nüchterner Nachkriegsarchitektur. **Wegen der fehlenden**

Am frühen Sonntagmorgen ist man im Hafen fast alleine unterwegs

SUPen mit Blick auf das Kreuzfahrtterminal

historischen Gebäude gilt die Stadt manchem als eher etwas langweilig. Ausnahme ist sicher das Förde-Ufer und genau hier sind wir ja unterwegs.

Wir folgen dem westlichen Ufer. Gegenüber blicken wir auf das Ostufer mit den Werftanlagen der ThyssenKrupp Marine Systems, früher Howaldtswerke-Deutsche Werft – HDW und ihren großen Portalkranen, die als Wahrzeichen Kiels gelten. An unserem Ufer erreichen wir dann bald ein paar Stege und blicken dahinter auf das charakteristische Spitztonnendach der ehemaligen Fischhalle, einst Mittelpunkt der prosperierenden Fischereiwirtschaft in Kiel, und heute Sitz des **KIELER SCHIFFFAHRTSMUSEUM**. Vertäut am Steg liegen die "Bussard" mit originalgetreu erhaltener Dampfmaschine, das Seenotrettungsboot "Hindenburg" und das Feuerlöschboot "Kiel".

Es sind nur ein paar Schläge im dunklen Wasser der Kieler Förde und wir passieren den **KREUZFAHRERTERMINAL**. 2018 gab es 165 Besuche die 600.000 Passagiere nach Kiel brachten – ein neuer Rekord. Allerdings nicht ohne Folgen was die schädlichen Stickoxide angeht. Im bundesdeutschen Vergleich ist Kiel besonders belastet. Im Jahre 2016 wurde lediglich in den drei deutschen Städten Stuttgart, München und Reutlingen eine höhere Stickoxid-Belastung gemessen.

Im Anschluss an die Hafenanlagen wird alles etwas kleiner und freundlicher, denn nun reihen sich die Stege von Segel-, Ruder- und Kanuvereinen hintereinander auf. Jetzt können wir eine Pause einlegen und die gastronomischen Angebote nutzen, egal ob es der Fischimbiss von „Matjes Lange" an der Fördeblick-Aussichtsplattform ist, oder wenige Schritte weiter die tolle Terrasse des **RESTAURANTS LAGOM** 2. Auch das **AQUARIUM GEOMAR** mit Seehundbecken liegt hier direkt hinter dem Ufer.

Weiter geht es an der **KIELLINIE** TIPP genannten Uferpromenade entlang, die zur **KIELER WOCHE** TIPP Mittelpunkt zahlreicher Veranstaltungen ist. Vorbei am Schleswig-Holsteinischen Finanzministerium sowie dem Landtag, dem Innenministerium und der kleinen Wasserschutzpolizei-Station, der seit 2019 die chillige, schwimmende Strandbar **„SANDHAFEN"** vorgelagert ist, gelangen wir zu den Yachthäfen. Von den Molenwänden prallen die Kabbelwellen zurück und machen das Stand up Paddeln kurzzeitig zum Balanceakt. Hinter dem Fähranleger Bellevue erreichen wir das **SEEBAD DÜSTERNBROOK**, Kiels schönstes Freibad mit **SUP VERMIETUNG** 3, das mit seinen Sonnenliegen, Strandkörben und der angeschlossenen **SEEBAR** 4, wie gemacht ist für den Wendepunkt dieser Tour.

Einkehr in der beliebten Seebar Düsternbrook – der ideale Platz für einen kühlen Drink bei entspannender Musik

KIELER INNENFÖRDE

KIELER AUSSENFÖRDE

ANSPRUCH
♎♎ — ♎♎♎

EINKEHR
🍺🍺🍺

Entlang der naturnahen Westseite der Kieler Außenförde fühlt sich die Landschaft schon so an, als wäre man bereits mitten auf der Ostsee unterwegs. Weiße Sandstrände und die Wahrzeichen der Förde, zwei prominente Leuchttürme, machen dann auch den Charme dieser Tour aus. Fischkutter, Seevögel- und Fischbeobachtungen sind garantiert – aber nicht unbedingt gutes Wetter.

WIND & WETTER

Die Förde ist nach drei Seiten zur Ostsee hin offen. Bei Nord-, Süd- und Ostwind muss daher mit Wellen und erschwertem Vorankommen gerechnet werden.

Lediglich bei Wind aus West bietet die Küste Windschutz, wobei kein Wind oder nicht zu starker Rückenwind die besten Alternativen sind.

Windjammerparade Kieler Woche

BEFAHRUNGSREGELN

- Die Berufsschifffahrt und Fahrzeuge unter Segel haben Vorfahrt.
- Vom Containerfrachter bis zum Jetski trifft man alle Arten motorisierter Wasserfahrzeuge und Segler an. Mit einem Auge sollte man daher immer auf den Schiffsverkehr achten!

ANFAHRT MIT DEM PKW

Autobahn A7 bis Ausfahrt Blumenthal/Kiel. Anschließend der A 215 nach Kiel folgen, Ausfahrt Richtung Olympiazentrum/Eckernförde nehmen. Dann die B 76/B 503 über den Nordostseekanal fahren bis zur Abfahrt Friedrichsort. Im Ort einem Halbkreis über die Straßen Brauner Berg und Deichweg zum Strandparkplatz (Navi: Deichweg 20, 24159 Kiel) folgen.
Fahrzeit ab HH Zentrum ca. 1:30 h.

PARKEN

FRIEDRICHSORT Einige gebührenfreie Parkplätze vor dem Deich.

BÜLK Gebührenpflichtiges Parken (Saison) vor dem Bülker Leuchtturm.

ANFAHRT MIT ÖPNV

Mit der Regionalbahn nach Kiel. Entweder per Bus 502 Richtung Strand bis zur Haltestelle „Brauner Berg" und von dort zu Fuß in 20 Minuten zum Deichweg (Einsetzstelle). Fahrzeit ab HH ca. 2:15 h.

Eine schöne Alternative ist die Förde-Fährlinie. Mit der Linie F1 kommen wir vom Kieler Hauptbahnhof direkt zum Anleger Falckenstein (ca. 0:55 h).

BADEN

- Fast entlang der ganzen Strecke mehr oder weniger breite Strände. Keine Strandnutzungsgebühr.
- Achtung: Hinter dem Leuchtturm Bülk mündet ein Abwasserrohr der Kläranlage. Hier nicht baden!

n Gruß unter „Seefahrern"

SEHENSWERT

» **KIEL:** Rathausturm (1911, Vorbild ist der Glockenturm des Markusdoms in Venedig), Warleberger Hof mit Stadtmuseum, Kunsthalle, Industriemuseum Howaldtsche Metallgießerei, Aquarium GEOMAR, Kieler Schifffahrtsmuseum, Zoologisches Museum mit der „Walhalle"– zeigt das Skelett eines Blauwals und eines Belugawals.

EXTRA-TIPPS

» Eines der größten Volksfeste ist mit jährlich rund 3 Millionen Gästen die **KIELER WOCHE** (immer in der letzten vollständigen Juni-Woche) – Segelevent mit Tausenden von einzelnen Veranstaltungen und Spaß für die ganze Familie. Höhepunkt ist die Windjammerparade, wenn sich am Samstagvormittag knapp 100 Großsegler und Traditionsschiffe zur Geschwaderfahrt formieren (gute Aussichtsplätze z. B. in Friedrichsort, Heikendorf, Laboe).

» Im **WALD- UND NATURHOCHSEILGARTEN "HIGH SPIRITS"** direkt am **FALCKENSTEINER STRAND** kann man Plattformen erklimmen, über Seilbrücken balancieren oder sich von Baum zu Baum schwingen.

» Von der **AUSSICHTSPLATTFORM SCHLEUSE** in **KIEL-WIK** hat man einen tollen Blick auf die Schleusenvorgänge im Nord-Ostsee-Kanal. Die Schleusen zählen zu den größten der Welt und können Schiffe bis 235 Meter Länge abfertigen. Verschiedene Info-Tafeln und Modelle erklären die Funktion und das Geschehen rund um den Kanal.

TOUREN

1. WESTLICHE AUSSENFÖRDE 🪁-🪁🪁🪁

Vom Strand Friedrichsort zum Leuchtturm Bülk

➡ | **LÄNGE** 9,5 km | **DAUER** 2-3 h

🔴 EIN- & AUSSTIEG

EINSTIEG Friedrichsort Parkplatz vor dem Deich (Deichweg 20).

AUSSTIEG In Bülk am Parkplatz direkt vor dem Bülker Leuchtturm.

ZURÜCK ZUM EINSTIEG Mit 2. Pkw oder zuvor deponierten Fahrrad. Ab Strande Bus 501 bis Kiel Brauner Berg, dann 1,4 km Fußweg. Oder von Mai-Sep mit der Fördefähre von Strande nach Falkenstein und 350 m zu Fuß.

SUP-VERMIETUNG

1 WESTWIND KIEL
Falckensteiner Strand 87
24159 Kiel
Tel. (0431) 24 83 872
www.westwind-kiel.de

2 WASSERSPORT SCHWEDENECK
Kronshörn (12 km entfernt)
24229 Schwedeneck
Tel. (04308) 18 33 51 & 0172-780 70 09
www.wassersport-schwedeneck.de

3 SURF DEPOT KIEL
Volbehrstr. 43 (11 km entfernt)
24119 Kronshagen
Tel. (0431) 617 22
www.surfdepotkiel.de

EINKEHR

1 STRANDBISTRO „UTE IM BIKINI"
Falckensteiner Strand 71, 24159 Kiel
Tel. (0431) 320 084 64
Di-So 10-17 Uhr, im Winter Fr-So

KLASSIKER Utes Beef-Burger auf selbstgebackenem Brot mit eingelegtem Gemüse oder buntes Ofengemüse mit Bärlauch-Dip.

2 ELEFANT AM STRAND
Falckensteiner Strand 81, 24159 Kiel
Tel. (0431) 530 381 43
www.elefant-am-strand.de
Mi-Fr 12-18, Sa-So 10-18 Uhr

KLASSIKER Hausgebackene Kuchen & fair gehandelter Kaffee in Bio-Qualität

3 DAS KAISER
Strandstraße 30, 24229 Strande
Tel. (4349) 915 84 40
www.daskaiser.de
Tägl. ab 11 Uhr

KLASSIKER Knödeltris – Spinatknödel, Kasnocke, Schlutzkrapfen

Rad- und Wanderweg entlang der Außenförde

KIELER AUSSENFÖRDE

Einkehr unter dem Leuchtturm Bülk

ÜBERNACHTUNG

❶ HOTEL GARNI „HAUS AM MEER"

Bülker Weg 47
24229 Strande
Tel. (04349) 330
www.hotelgarni-haus-am-meer.de

❷ CAMPINGPLATZ FALCKENSTEIN

Palisadenweg 171
24159 Kiel-Falckenstein
Tel. (0431) 39 20 78
www.campingkiel.de

❸ LEUCHTTURM BÜLK

Mit dem Wohnmobil kann man direkt am Wasser stehen (Parkgebühr).
www.leuchtturm-buelk.de

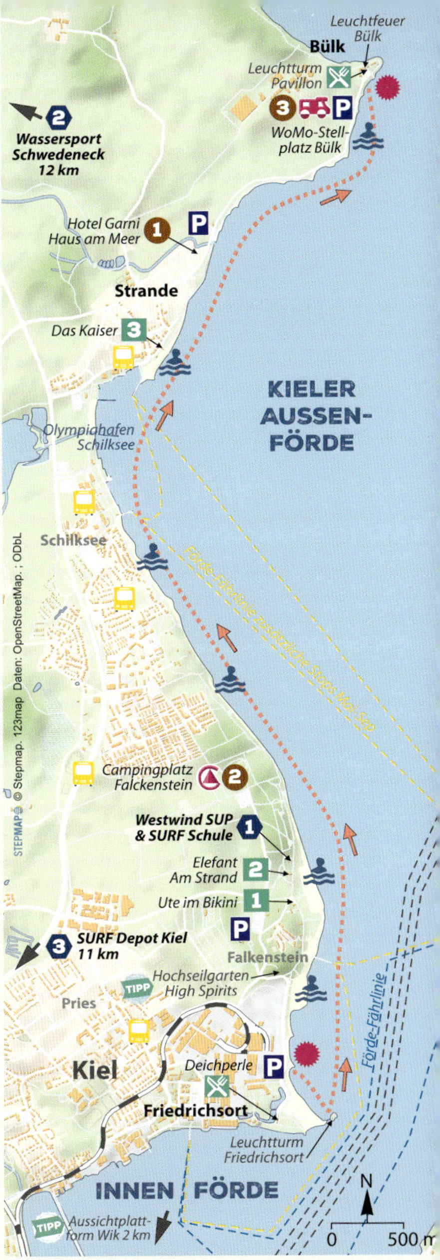

Im Jahre 1865 erbaut, ist der Bülker Leuchtturm der älteste an der Kieler Förde

1 ZUM ÄLTESTEN LEUCHT- ♀♀-♀♀♀
TURM DER FÖRDE

Nur ein kurzes Stück müssen die Boards über den Deich und den feinen Sandstrand in **FRIEDRICHSORT** 🌸 zum Wasser getragen werden, bevor wir das salzige Wasser der Förde schnuppern können.

Zunächst einmal geht es in Richtung Innenförde, zum **LEUCHTTURM FRIEDRICHSORT**, der südlich vom Startplatz in ein paar hundert Metern Entfernung zu sehen ist. Jetzt, bei hohem Wasserstand, können wir den auf einem kleinen Eiland stehenden grün-weißen Turm umrunden. Hinter der kleinen Insel - Ende eines Sandhakens - bildet sich an ihrer Innenseite eine kleine Bucht, in der die Wellen der passierenden Frachtschiffe einlaufen, die wir mit einem Lächeln im Gesicht abreiten. Eine echt sympathische Einkehr bietet sich jenseits des Leuchtturms, direkt am Deich auf der Terrasse der „**DEICHPERLE**" 🍴. Egal ob ein ehrliches Fischbrötchen, der legendäre Deichburger oder das „Holsteiner Deichfrühstück" am Wochenende, keiner geht hier hungrig raus.

Jetzt halten wir mit unseren Boards nordwärts auf den Ausgang der Förde zu und paddeln dabei immer in Ufernähe. Dieser Abschnitt gehört zu den naturbelassensten der gesamten Kieler Förde. Dichter grüner Laubwald bedeckt die Böschung und wird flankiert von einem sich ständig verändernden breiten Sandstrand. Nur die **SEEBRÜCKE FALCKENSTEIN** ragt aus dem Landschaft-Ensemble wie ein Fremdkörper. Wegen des flachen Wassers ist sie besonders lang, damit die Linienschiffe anlegen können. Auf diese sollte man übrigens immer ein wachsames Auge haben, denn die Kapitäne sind es gewohnt mit „Vollgas" durch die Kieler Förde zu brettern. Wir Stand up Paddler sind von der Brücke eines Schiffes außerdem nur sehr schwierig auszumachen und könnten übersehen werden.

Schon gleich hinter der Seebrücke kann man hinter dem breiten Strandabschnitt im **BISTRO „UTE IM BIKINI"** 1 eine Pause einlegen. Die Chefin Nele Witt hat beim Koch Johann Lafer gelernt und hat einen hohen Anspruch an die Qualität der preislich fairen Gerichte. Die Strände werden allmählich schmaler und etwas steiniger, dafür aber wölbt sich nun eine lehmige Steilküste auf, die aus der Boardperspektive besonders fasziniert. Dicke Findlinge schmücken die Ufer und an den Steinen im Wasser hat sich Blasentang festgekrallt, dessen an der Mittelrippe angeordneten Gasblasen der Alge Auftrieb verleihen. Er trägt zum typischen Meeresgeruch bei. Auf der gegenüberliegenden Seite der Förde ragt der charakteristische Turm des Marine-Ehrenmals von Laboe in den Himmel. Wer gute Augen hat, erkennt den Leuchtturm Kiel, der sieben Kilometer weiter draußen auf der Ostsee postiert ist und auch als Station für Lotsenboote dient.

Entlang der parallel zum Ufer verlaufenden Steinbuhnen, die bei ungünstigen Winden Wind- und Wellenschutz bieten, wenn man auf ihrer Innenseite paddelt, geht es auf das **OLYMPIAZENTRUM SCHILKSEE** zu. Mit ihren langen, mehrstöckigen Blöcken war die wenig ansehnliche Anlage 1972 Austragungsort der olympischen Segelwettbewerbe. Nachdem wir die lange Buhnenreihe von Schilksee hinter uns gelassen haben, blicken wir auf **STRANDE**. Hier ist alles eine Nummer kleiner und netter als in Schilksee. Neben dem Yachthafen kann der Stand up Paddler gut anlegen, um sich ein Fischbrötchen zu holen, das man dann am weißen Sandstrand des Ortes gemütlich verspeist. Sehr hungrige SUPer kehren zum Beispiel im **„DAS KAISER"** 3 ein, wo sich holsteinische und österreichische Küche treffen.

Wer es richtig ruhig mag, findet auf den letzten beiden Kilometern weniger frequentierte kleinere Strände, dafür deutlich steiniger. Das 1865 erbaute **LEUCHTFEUER BÜLK**, schon eine ganze Zeit lang am Horizont zu sehen, kommt nun schnell näher. Der Leuchtturm steht am äußersten Ende der Förde und von seiner Besucherplattform hat man einen hervorragenden Ausblick auf die zurückgelegte Strecke und hinein in die Eckernförder Bucht. Im **LEUCHTTURM PAVILLON** zu Füßen des Turms kann man herrlich den Tag mit einem Getränk in der Hand ausklingen lassen und, wenn man es richtig getimt hat, sogar mit Blick in die untergehende Sonne.

ABOE – HEIDKATE – HOHENFELDE

ANSPRUCH
🏊🏊 – 🏊🏊🏊

EINKEHR
🍺🍺🍺

Heidkate ist der beliebteste Freizeitstrand des Kieler Umlands. Von hier aus SUPen wir, wegen eines Naturschutzgebietes mit deutlichem Abstand zur Küste, in die Kieler Förde, bis zum Marine-Ehrenmal von Laboe. Die zweite Tour ist dann wieder für Anfänger geeignet und in Kalifornien und Brasilien kommt man, entlang der endlosen Sandstrände, so nah an karibische Paddelträume, wie nirgendwo sonst in Deuschland.

WIND & WETTER

Da die erste Tour hinaus auf die Ostsee verläuft, gibt es bei stärkerem Wind keinen echten Schutz auf der ganzen Strecke. Mit Wind, Wellen und entsprechend erschwertem Vorankommen sollte gerechnet werden. Windschutz gibt es bei der zweiten Tour nur bei Winden aus strikt südlicher Richtung. Es ist daher sinnvoll, die Touren nach dem herrschenden Wind zu planen, wobei auch hier kein Wind, oder nicht zu starker Rückenwind, die besten Alternativen sind.

BEFAHRUNGSREGELN

ROUTE 1

- Befahrungsverbot im Bereich des Naturschutzgebietes Bottsand (500 Meter Abstand zum Ufer halten).

ROUTE 2

- Im Naturschutzgebiet „Strandseelandschaft bei Schmoel" ist das Anlanden in der Zeit vom 1. April bis 30. September nicht gestattet.
- Die Berufsschifffahrt und Fahrzeuge unter Segel haben Vorfahrt.
- Vom Containerfrachter bis zum Jetski begegnet man allen Arten motorisierter Wasserfahrzeuge und Segler. Ein Auge sollte daher immer auf den herrschenden Schiffsverkehr achten.

ANFAHRT MIT DEM PKW

Autobahn A7 bis zur Ausfahrt Blumenthal/Kiel, dann der A 215 nach Kiel folgen. Ausfahrt B 76 Richtung Plön, anschließend an der Abfahrt Ostuferhafen auf die B 502 fahren bis kurz vor Wisch und dort links ab zum Strand Heidkate. Fahrzeit ab HH ca. 1:45 h.

PARKEN

Gebührenpflichtig (Saison) am Heidkatener Strandparkplatz. Auch WoWo-Platz.

ANFAHRT MIT ÖPNV

Anfahrt zum Startpunkt in Heidkate nicht möglich, daher alternativ Start in Kalifornien: Mit der Bahn zum Kieler Hbf. Umsteigen auf Buslinie 200 (Schönberger Strand) bis Kalifornien-Mittelstrand. Fahrzeit ab HH ca. 2:20 h.

BADEN

Fast entlang der gesamten Strecke mehr oder weniger breite Strände, daher paddelt man quasi in einem Badeparadies.

Ausgenommen sind das Naturschutzgebiet Bottsand, der kurze Abschnitt des Naturschutzgebietes „Strandseelandschaft bei Schmoel" und die Hafenbereiche der Strecke.

Strandnutzungsgebühr / Kurtaxe nur für den Strand in Laboe kann an Automaten vor Ort, beim Gastgeber oder in der Tourist-Info beglichen werden.

„Seebrückenspringer"

Radfahrer und Wanderer treffen sich am Ostseeküstenradweg, am Rande des Naturschutzgebietes

SEHENSWERT

» **LABOE:** Marine-Ehrenmal (Aussichtsturm und Gedenkstätte mit Ausstellung zu Marine und Meer), Technisches U-Boot-Museum „U 995".

» **MUSEUMSBAHNHOF SCHÖNBERGER STRAND**, www.vvm-museumsbahn.de

EXTRA-TIPPS

» In Laboe kann man besonders gut die **WINDJAMMERPARADE** der **KIELER WOCHE** (immer in der letzten vollständigen Juni-Woche) vom Ufer aus beobachten.

» Der Weg am Deich ist Teil des **OSTSEEKÜSTEN-RADWEGES**, der sich entlang der gesamten Deutschen Küste zieht. Es ist eine herrliche Abwechslung, die Küstenlandschaft mit dem Velo zu erkunden.

» **SPAZIERGANG** rund um das 50 Hektar große **NATURSCHUTZGEBIET "STRANDSEELANDSCHAFT BEI SCHMOEL"** - für Natur- und Vogelfreunde ein toller Ort zum Entdecken und Beobachten.

» In Kiel gibt es eine Gruppe von **SUP-DOWNWINDPADDLERN**, die es auf dieser Strecke bei West- bis Nordwestwind richtig krachen lassen. Bei Wind ab 5 Beaufort zaubern die Wellen erfahrenen Stand up Boardern ein Lächeln ins Gesicht. Wer wenig Erfahrung hat, könnte sich im Strandbereich von Heidkate in den ersten Schritten des Wellenreitens üben.

TOUREN

① HEIDKATE NACH LABOE

Vom Heidkatener Strand entlang des NSG Bottsand zum Hafen Laboe.

➜ | **LÄNGE** 9 km | **DAUER** 2-3 h

② HEIDKATE NACH HOHENFELDE

Entlang der Strände von Kalifornien und Brasilien.

➜ | **LÄNGE** 13,5 km | **DAUER** 3-4 h

● EIN- & AUSSTIEG ROUTE 1

EINSTIEG Strand beim Heidkatener Strandparkplatz. Kein ÖPNV.

ALTERNATIV bei Anfahrt/Rückweg mit ÖPNV **EINSTIEG** in Schönberg-Kalifornien (Haltestelle Kalifornien Abzw.).

AUSSTIEG Hafen von Laboe (Parkplatz).

ZURÜCK NACH HEIDKATE Mit 2. Pkw oder zuvor deponierten Fahrrad.

ZURÜCK NACH KALIFORNIEN Von Laboe mit Bus 100/102 oder Förde-Fährlinie F1 zum Kieler Hbf., dort mit dem Bus 200/201 bis Kalifornien-Abzw..

Oder Regionalbus 120 von Laboe nach Schönberg, dort Bus 200 bis Kalifornien-Abzw.. Von Haltestelle 350 m zu Fuß.

● EIN- & AUSSTIEG ROUTE 2

EINSTIEG Strand beim Heidkatener Strandparkplatz. Kein ÖPNV.

ALTERNATIV Bei Anfahrt/ Rückweg mit ÖPNV **START** in Schönberg-Kalifornien.

AUSSTIEG Strand beim Hohenfelder Strandparkplatz.

ZURÜCK NACH HEIDKATE Mit 2. Pkw oder zuvor deponierten Fahrrad.

ZURÜCK NACH KALIFORNIEN Mit dem Bus 260/261 nach Schönberg, dort Bus 200/201 bis Kalifornien Abzw.. Von hier 350 m zu Fuß zur Einstiegsstelle.

SUP-VERMIETUNG

❶ SURFER'S PARADISE LABOE
Strandstraße 33, 24235 Laboe
Tel. (04343) 49 63 96 & 179-901 41 45
www.kiel.surfers-p.de

❷ TATORT HAWAII
(AUCH SUP-KURSE) siehe Einkehr

❸ SURFSCHULE HEIDKATE
Strandweg, 24217 Wisch
auf Höhe des Parkplatzes Heidkate
Tel. 0160-163 64 60
www.surfschule-heidkate.de

❹ CALIFORNIA WASSERSPORT
Deichweg 46, 24217 Kalifornien
Tel. 0176-781 939 14
www.california-wassersport.de

❺ WASSERSPORT BRASILIEN
Mole 33, 34 – Parkplatz Hasselkrug –
24217 Schönberg
Tel. 0151-743 742 59
www.brasilsports.de

SUP-SHOP (Test & Verkauf)

SUP SHOP KIEL (nach Vereinbarung)
Hof Honnigsol Halle 3, 24235 Laboe
Tel. 0172-411 10 27
www.sup-shop-kiel.de

LABOE – HEIDKATE – HOHENFELDE

EINKEHR

1 FISCHKÜCHE LABOE
Hafenplatz 1, 24235 Laboe
Tel. (04343) 42 97 99
www.fischkueche-laboe.de
Tägl. ab 11.30 Uhr

KLASSIKER Fisch in bester Qualität zu fairen Preisen

2 TATORT HAWAII – STRANDCAFÉ
Am Strand, 24235 Stein
Tel. (04343) 43 91 33 & 0179-468 72 14
www.tatort-hawaii.de
Einfach ein cooler, chilliger Ort

3 FISCH VOM KUTTER
An den Stegen / Fischereianleger
24235 Wendtorf
Tel. 0171-272 26 26
www.fischvomkutter.de/wendtorf_merle.html   in der Regel ab 9 Uhr

KLASSIKER Fisch – frisch, regional, saisonal, fair und nachhaltig

4 FISCHERHÜTTEN AM SCHÖNBERGER STRAND
Urige „Fischerbuden" bieten selbst gefangenen Fisch direkt aus der Eisenpfanne auf den Teller

5 RESTAURANT & BEACH-BAR „STRANDLÄCHELN"
Strandstr.23, 24257 Hohenfelde
Tel. (04385) 216 99 70
www.strandlaecheln.de
Mi-Fr ab 17, Sa-So ab 12 Uhr

KLASSIKER Küstentapas – Dorschbällchen, Lachspralinen & -crêpes, Matjesvariationen

Fischküche Laboe

ÜBERNACHTUNG

1 HOTEL SEETERRASSEN
Strandstraße 84-88, 24235 Laboe
Tel. (04343) 60 70
www.seeterrassen-laboe.de

2 CAMPING HEIDKOPPEL
Mittelweg 114, 24217 Wisch
Tel. (04344) 90 98
www.camping-heidkoppel.de

3 CAMPING HASSELKRUG
(einfach und sympathisch)
Korshagener Redder 70
24217 Schönberg, Tel. (04344) 39 11
www.campingplatz-hasselkrug.de

Mit dem WoMo (gebührenpflichtig)
4 PARKPLATZ HEIDKATE
5 WOMO-PLATZ MITTELSTRAND
zw. Kalifornien & Schönberger Strand.

1 KARIBISCHE PADDELTRÄUME 𝄞𝄞 - 𝄞𝄞𝄞

Der **LEUCHTTURM** von **HEIDKATE** ist die Landmarke in diesem sonnigen Strandparadies. Unweit von ihm, gleich neben der **SURFSCHULE HEIDKATE** 3, setzen wir unsere Boards in die **OSTSEE** 🔴. Es gäbe viele ebenso gute Möglichkeiten zum Tourenstart, sicherlich abhängig auch von der Wahl der Unterkunft. Entlang der Küste findet sich eine schier unüberschaubare Zahl an Ferienwohnungen, Hotels, Pensionen und Campingplätzen. Letztere scheinen allerdings oft in der Hand von Dauercampern zu sein. Alternativ, wenn man mit Bahn und Bus anreisen möchte, startet man am Strand in **KALIFORNIEN** 🔴, damit verlängert sich die Tour um rund 3 km.

Nach einem kleinen Wäldchen, hinter dem der Camping Bottsand, die Ferienanlage Regenbogen Wendtorf sowie die NABU-Naturstation Bottsand liegen, SUPen wir auf den folgenden zwei Kilometern entlang des **NATURSCHUTZGEBIETES BOTTSAND**. Das Befahren der zum Gebiet gehörenden Wasserflächen ist auf der Ostseeseite nicht erlaubt. Wir halten daher einen Abstand von rund 300 Metern zur Küste. Am Ende des Schutzgebietes biegen wir auf Höhe der grün-roten Seezeichen in die Hafeneinfahrt von **WENDTORF**. Entlang des **MUSEUMSHAFEN PROBSTEI** kommen wir zu „**FISCH VOM KUTTER**" 3. Zwischen Fischkisten und Planen verkauft Fischer Leif Rönnau direkt vom Kutter Søgård seinen morgendlichen Fang – solange bis alles weg ist.

Jetzt halten wir uns dicht ans Ufer und kommen hinter der langgestreckten Seebrücke von **STEIN** zur Badestelle, die wegen des flachen Sandstrandes vor

LABOE – HEIDKATE – HOHENFELDE

Sommerferien an der Ostsee – jeder kommt auf seine Kosten

allem bei Familien beliebt ist. Auf der Wiese dahinter fläzt sich ein kunterbuntes Völckchen in den Strandkörben und genießt den sonnigen Tag vor der **STRANDBAR „TATORT HAWAII"** 2 2. Ab hier begleitet das Kliff, wie die Steilküste auch genannt wird, unsere Strecke. Stählerne Treppenaufgänge führen hinauf zu den oberhalb gelegenen Campingplätzen. Entlang der Abbruchkante verläuft auch der **FÖRDEWANDERWEG** TIPP nach Laboe, von dem man gut die Schifffahrt und während der Kieler Woche die Windjammerparade auf der Kieler Förde beobachten kann.

Die Steilküste geht in einen ausgeprägten breiten Dünengürtel über, an dessen Ende wir in Richtung **KIELER FÖRDE** einschwenken. Mit einem Blick ins klare Wasser unter uns gleiten wir über sandigen Ostseeboden hinweg, so als würden wir schweben. Vor der Kulisse des zu besichtigenden **U-BOOTES U 995** und des **MARINE-EHRENMALS LABOE** erstreckt sich in einer großen Bucht ein riesiges geschütztes Stehrevier mit knie- bis hüfttiefem Wasser, das an windarmen Tagen beste Bedingungen für den Einstieg ins SUPen bietet. Direkt am Strand neben dem U-Boot steht die Station von **SURFER'S PARADISE LABOE** 1. Hier kann man Kiten, Surfen, an geführten SUP-Touren teilnehmen und im angeschlossenen Shop findet sich alles, was man für den Wassersport so braucht.

Vor der Strandbar „Tatort Hawaii" trifft sich ein buntes Völckchen

Auf etwas mehr als einem Kilometer paddeln wir am Strand von Laboe entlang. Wer nicht schon die Tour beim Surfer's Paradise

LABOE – HEIDKATE – HOHENFELDE

beendet hat, muss noch am Anleger der Förde-Fährlinie vorbei (kabbelige Wellen an den Spundwänden, auf Schiffsverkehr achten!) und sich zwischen zahlreichen Segelyachten und Motorbooten seinen Weg ins Hafenbecken suchen, um an den breiten Stufen **AUSZUSETZEN** 🔴. Doch zuvor müssen wir uns am Ende des Strandes entscheiden – kehren wir zum Abschluss in der **TAPASBAR „BUENA VISTA"** ✖, zum „Ocean Fischburger" im **„OCEAN ELEVEN"** ✖ oder wenige Meter weiter an der Aussetzstelle im Hafenbecken bei der legendären **„FISCHKÜCHE LABOE"** **1** ein – egal, das Ostsee-Urlaubsfeeling ist schon perfekt!

2 KARIBIK FÜR ANFÄNGER 🏄 - 🏄🏄🏄

SUP-BEGINNER kommen auf dieser Tour von **HEIDKATE** 🔴 Richtung Osten eher auf ihre Kosten, paddelt man doch fast immer in Ufernähe, abgesehen von den knapp 50 Meter weit ins Meer ragenden Steinbuhnen, die dem Küstenschutz dienen. Durch diese Trennung entsteht zwischen zwei Buhnen immer eine kleine eigenständige Bucht – ein halbmondförmiger weißer Strand, gesäumt von einem schmalen Saum aus fortgetragenem Seetang und Steinen an den Seiten. Sind die Ostseewellen nur klein, kann man auch als SUP-Anfänger versuchen, eine Welle in die Bucht hinein zu surfen. Liegt die Ostsee fast ruhig da, so wie am heutigen Tag, kann man nach Lust und Laune anlanden um im weißen Sand eine Pause einzulegen oder im klaren Wasser zu baden – kein Wunder, dass die Siedlungen hinter dem Deich Namen wie Brasilien und Kalifornien tragen. Startet man alternativ in **KALIFORNIEN** 🔴, da man mit Bahn & Bus angereist ist, verkürzt sich die Tour um 3 km.

Surfschule Heidkate

LABOE – HEIDKATE – HOHENFELDE

Wassersport Brasilien

An der Station von **„WASSERSPORT BRASILIEN"** ❹ machen wir es uns zwischen afrikanischen Holzfiguren unter einem schattenspendenden Segel mit einem kühlen Getränk bequem. Vom einstündigen Schnupperkurs bis zum Grundkurs wird man hier fürs SUPen fit gemacht.

Nach gut sieben Kilometern erreichen wir die 250 Meter lange Seebrücke von **SCHÖNBERGER STRAND**. Reges Leben herrscht sowohl auf, als auch neben und unter ihr. Jugendliche vollführen wahre Kunstsprünge von der Brücke hinunter ins Wasser. Drei Buchten weiter legen wir schon wieder an, hatte man uns doch erzählt, dass ein Besuch der roten **„FISCHERHÜTTEN"** ❹ ein MUSS sein soll. Schon aus der Ferne kann man die Fischerboote sowie allerlei Fangzubehör am Strand erkennen. Die urigen Fischerbuden bieten maritime Gerichte direkt auf dem Deich mit Blick auf die Ostsee. Im Sommer finden auf dem Platz davor die Open Air Kino-Nächte statt. Bis Einbruch der Dunkelheit gibt es Livemusik und anschließend wird auf einer großen Kinoleinwand ein Film gezeigt.

Hinter dem letzten Buhnenpaar beginnt das Naturschutzgebiet **„STRAND-SEELANDSCHAFT BEI SCHMOEL"** . Auf dem nächsten Kilometer ist das Anlanden in der Zeit vom 1. April bis 30. September untersagt. Teile eines alten

LABOE – HEIDKATE – HOHENFELDE

Strandaufgang mit feinem Sand

Deiches wurden abgebaggert, um die niedrig gelegenen Flächen dahinter der natürlichen Dynamik der Ostsee zu überlassen. Bei Sturmflut strömt das Wasser in die entstandenen Strandseen hinein. Durch die erfolgreiche Renaturierung kann man seltene Vogelarten wie z. B. Löffel-, Spieß-, Schnatterenten, Zwergtaucher, Grünschenkel, Sandregenpfeifer und viele mehr beobachten.

Wir halten einfach 100 Meter Abstand und staunen, wie tief man in das klare türkise Ostseewasser hinunterschauen kann. So muss es wohl ursprünglich einmal an vielen flachen Küstenabschnitten der Ostsee ausgesehen haben.

Die letzten beiden Kilometer bis nach **HOHENFELDE** wird der Strand zunehmend steinig. Hohenfelde erkennen wir an dem rundlichen Bau des **RESTAURANTS & BEACHBAR „STRANDLÄCHELN"** 5 . Von der am Abend geöffneten Dachterrasse genießt man den besten Blick der ganzen Gegend.

Klares Ostseewasser sorgt für gute Laune

HOHWACHTER BUCHT

ANSPRUCH
💧 – 💧💧💧

EINKEHR
🍺🍺

Hoch aufragende Steilufer und die weiten, feinsandigen Ostseestrände in stetem Wechsel, dazu die seltenen Küstenwälder mit alten Buchen und Eichen – wir SUPen entlang des Sehlendorfer und Weißenhäuser Strandes in einem der landschaftlich schönsten Ecken der Kieler Bucht.

Entlang des Steilufers

WIND & WETTER

Mit Wind und Wellen und dem daraus resultierenden erschwerten Vorankommen muss man natürlich rechnen, allerdings wegen der Lage tief in der Bucht mit relativ gutem Windschutz bei Winden aus Südwest, eine der vorherrschenden Windrichtungen hier.

Kommt der Wind dagegen aus West bis Nordost, verwandelt sich die Gegend vom gemütlichen Tourengebiet zu einem der besten Plätze für Wellenreiter zwischen Kiel und Lübeck.

MARINEÜBUNGSGEBIET

Wir befinden uns zwischen zwei Übungsgebieten der Marine: Todendorf und Putlos. Wir sollten also nicht viel weiter paddeln als der Tourenvorschlag vorgibt, denn während der Woche und häufig auch an Wochenenden wird hier scharf geschossen. Auch das Warngebiet auf dem Wasser darf dann nicht befahren werden.

ANFAHRT MIT DEM PKW

Autobahn A1 in Richtung Lübeck/Puttgarden. Ausfahrt Oldenburg in Holstein nehmen und der B 202 / K 45 bis Behrensdorf, Ortsteil Lippe folgen bis zum Parkplatz (Navi: Lippe, Behrensdorf). Fahrzeit ab HH ca. 1:35 h.

PARKEN

EINSTIEG Gebührenpflichtiges Parken im kleinen Hafen von Lippe.

AUSSTIEG Einige gebührenfreie Parkplätze am Weißenhäuser Strand / Oldenburger Graben.

ANFAHRT MIT ÖPNV

Mit der Bahn nach Oldenburg/Holstein. Dort mit dem Bus 5603 nach Weißenhäuser Strand, Ferienpark.
Fahrzeit ab HH ca. 1:50 h.
Anreise mit ÖPNV nur nach Weißenhäuser Strand möglich. Zwischen Lippe und Weißenhäuser Strand kein ÖPNV. Kürzere Tour hin- und zurückpaddeln.

BADEN

Alle Strände entlang der Strecke eignen sich hervorragend zum Baden.
Strandnutzungsgebühr / Kurtaxe an Automaten vor Ort, beim Gastgeber oder in der Touristinformation begleichen.

Vogelbeobachtungsplattform Sehlendorfer Binnensee

 EXTRA-TIPPS

» Besuch des **FERIENPARKS WEISSENHÄUSER STRAND** mit subtropischem Badeparadies, Dschungelland und Hochseilklettergarten auf 6.000 qm, Wakeboard-Anlage, Fitness- und Wellnesseinrichtungen, Spiel- und Sportanlagen.

» Eine **WANDERUNG** vom **SEHLENDORFER STRAND** bis **NACH WEISSENHAUS** am Rand der Steilküste hoch über der Ostsee verschafft herrliche Ausblicke.

» **SPAZIERGANG** zur **VOGELBEOBACHTUNGSPLATTFORM SEHLENDORFER BINNENSEE.**

» Einkauf von Frisch- und Räucherfisch bei der kleinen **FISCHRÄUCHEREI KRUSE** in **HOHWACHT**. Dort werden Aal, Lachs, Makrele oder Schwarzer Heilbut im Altonaer Ofen auf Buchenholz geräuchert. Laut „Der Feinschmecker" gehört sie zu den besten Fischgeschäften Deutschlands. In der Saison 15-19 Uhr geöffnet.

Am Strand sitzend, genießen wir das Licht der tiefstehenden Sonne

TOUREN

1 STRÄNDE UND STEILKÜSTE ♦♦-♦♦♦

Vom Hafen in Lippe zum Weißenhäuser Strand am Oldenburger Graben.
➜ | **LÄNGE** 10,5 km | **DAUER** 2-3 h

✸ EIN- & AUSSTIEG

EINSTIEG Im Hafen von Lippe.

AUSSTIEG Am Weißenhäuser Strand vor dem Oldenburger Graben unweit des Parkplatzes.

ZURÜCK ZUM EINSTIEG Mit 2. Pkw oder zuvor deponierten Fahrrad.

SUP-VERMIETUNG

1 SURF & SAIL
Sehlendorfer Strand / Strandstraße, 24327 Blekendorf
Tel. (04381) 97 68
www.surfandsail.de

2 SVEN'S SURFSTATION
Weißenhäuser Strand
Tel. 0173-3076490 & (04361) 626 53 00
www.svens-surfstation.com

EINKEHR

1 RESTAURANT KLABAUTERMANN
Lippe 3, 24321 Behrensdorf
Tel (04381) 82 50
www.klabautermann-lippe.de
Tägl. 12-19 Uhr

KLASSIKER Gebratener Butt mit Speckwürfeln

2 MOIN FRITZ
Seestraße 16, 24321 Hohwacht (Ostsee)

KLASSIKER Best fish'n chips ever!

3 FISCHBAR
Strandstr. 28, 24327 Blekendorf
Tel. 0170-386 98 20, fischbar-kiel.de
Do-So 12.30-18 Uhr

KLASSIKER Fischbrötchen – Fastfood als Slowfood!

ÜBERNACHTUNG

1 CAMPINGPLATZ PLATEN
Wewerin 2, 24327 Sehlendorf
Tel. (04382) 351
www.campingplatz-platen.de

2 CAMPINGPLATZ JIPP
Strandstraße 22, 24327 Sehlendorf
Tel. 0176-66 87 05 10
www.campingplatz-jipp.de

3 CAMPINGPLATZ TRIANGEL
Seestr. 1a, 23758 Wangels / Weißenhäuser Strand, Tel. (04361) 50 78 90
www.campingplatz-triangel.de

1 STEILKÜSTE UND SANDSTRÄNDE 𝒫 - 𝒫𝒫𝒫

KLABAUTERMANN 1 heißt das urige Restaurant, vor dem wir unser Auto im winzigen Hafen von **LIPPE** abstellen. Der Name ist auf einen seemännischen Aberglauben zurückzuführen. Demnach soll es ein Schiffsgeist oder Kobold gewesen sein, der den Kapitän vor Gefahren warnte. Schiffe finden wir dann gleich nebenan im hübschen Hafen, wo außer einigen Fischerbooten auch ein Schiff der Seenotrettung an den Molen liegt. Außerdem bietet ein Imbiss tolle Fischgerichte für kleines Geld.

Wir lassen die Bretter unweit der Mole ins Wasser ● der **HOHWACHTER BUCHT** und starten in Richtung Osten, hinein in einen wunderbar windstillen Tag. Sanft plätschert das Wasser unter unseren Boards, während wir dem weißen, naturbelassenen Strand folgen, hinter dem sich ein kleines Dünengebiet erstreckt. Das reizende **OSTSEEHEILBAD HOHWACHT** erkennen wir an der Seebrücke des Fischerdorfes, es ist nach dem Vorbild eines Plattfisches

entworfen worden und trägt deswegen auch den Namen Hohwachter Flunder. Vom „Open-Air-Yoga", über Konzerte bis hin zu Gottesdiensten dient sie für zahlreiche kulturelle Veranstaltungen.

Nur wenige Meter dahinter stehen am Rande eines kleinen Wäldchens, das den auf einem Hügel liegenden Ort verbirgt, bunte **HISTORISCHE BADEHÜTTEN** aus den 1930er Jahren, die es so in Deutschland nirgendwo mehr gibt. Daneben treffen sich im **STRANDPAVILLON TOM'S HÜTTE** 🗲 Feierfreudige zum Cocktail oder Hungrige zum Imbiss. Wer sich die Mühe macht, vorbei an mächtigen Eichen und Buchen, die Steilküste hinaufzusteigen, hat von der Aussichts-Plattform "Hohwachter Ausguck" einen fantastischen Blick auf's Meer.

Die Steilküste geht sanft in einen breiter werdenden Strand über, der hinter einer weiteren Seebrücke auch gleich eine langgestreckte Bucht bildet. Auf den folgenden drei Kilometern paddeln wir entlang eines der schönsten Strände der Deutschen Ostseeküste. Im ersten Drittel halten wir etwas Abstand zum Ufer, weil ein 100 Meter breiter strandnaher Flachwasserbereich der Ostsee zum **NATURSCHUTZGEBIET SEHLENDORFER BINNENSEE** TIPP gehört. Die hier in die Ostsee mündende Aue ist, ebenso wie der See dahinter, streng geschützt. Er ist der einzige Strandsee an der schleswig-holsteinischen Ostseeküste, der in seinem Aus-

Knorriger Buchenwald thront über dem Weissenhäuser Strand

tausch mit der Ostsee nicht reguliert ist. Wer Interesse an Vogelbeobachtungen hat, sollte das von Land aus tun und zur Aussichtsplattform spazieren, wo man sogar Kraniche, Brandgänse und den Großen Brachvogel beobachten kann.

Die historischen Badehütten sind fest in privater Hand

Hinter dem Naturschutzgebiet beginnt die Badezone des **SEHLENDORFER STRANDES**. An einem Hochsommertag kann es hier am wie an einem überfüllten Mittelmeerstrand aussehen. Die Bojen für den Schwimmbereich sollten wir daher beachten. Nicht nur die drei Campingplätze am Ufer sorgen dafür, dass eigentlich fast immer was los ist, sondern auch der besonders feine Sand und die schöne Umgebung.

Am Ende des Sandstrandes beginnt sich langsam erneut eine Steilküste auszubilden. Aus den lehmig braunen Wänden brechen immer wieder einmal Teile heraus. Darin befindliche Steine werden ausgewaschen und prägen nun anstelle von Sand den Strand. Die Zahl der Spaziergänger reduziert sich daher schnell und wir können die Küste fast alleine genießen. Die sich im Wasser verstecken den großen Findlinge sollten wir nicht vergessen und auch die Wassertiefe im Blick behalten. Immer wieder sehen wir Bäume die vom steilen Uferrand abgerutscht sind und deren Wurzeln als überdimensionale Skelette am Ufer liegen. Grandioser Abschluss der **STEILKÜSTE** bildet ein kleiner Buchenwald, der sich bis an die Abbruckkante erstreckt.

Jetzt haben wir **WEISSENHÄUSER STRAND** erreicht. Ein Surf-Spot, an dem man bei Westwind die Wellen runterfahren könnte, wenn man denn fit genug ist. Wegen fehlendem Windschutz und schnellen Wellen ist das allerdings kein Platz für Anfänger. Hinter dem Uferbewuchs verbirgt sich das in ein Luxushotel umgewandelte Schloss Weißenhaus. Neben der DLRG-Station könnte man anlegen und dem zum Luxushotel gehörenden Restaurant Bootshaus einen Besuch abstatten.

Nun ist es nicht mehr weit bis zum Ferienort Weißenhäuser Strand, erkennbar durch die Seebrücke. Wir paddeln allerdings nicht ganz bis dorthin, sondern beenden unsere Tour am Ausfluss des **OLDENBURGER GRABENS** ein paar hundert Meter davor. Hier ist das Anlanden leichter und der Weg zum Parkplatz kürzer.

ACHTUNG: Gleich im Anschluss an den Weißenhäuser Strand beginnt ein **SCHIESSGEBIET DER MARINE**, das zu Schießzeiten nicht befahren werden darf.

FEHMARNSUND

ANSPRUCH | EINKEHR

Rund um den Sund mischen sich badefreundliche Strandabschnitte mit hübschen Hafenansichten. Spektakulärstes Erlebnis ist natürlich die Unterquerung der riesigen Fehmarnsundbrücke. Auf dem Abstecher nach Heiligenhafen schnuppern wir maritimes Hafenflair in einem historischen Fischerort und besuchen das Naturschutzgebiet Graswarder.

WIND & WETTER

Wegen der offenen Landschaft und einem mitunter auftretenden Düseneffekt im Bereich der Fehmarnsundbrücke relativ wenig Windschutz.

Im Fehmarnsund kann es zu leichten Strömungen kommen, die man aber erst auf Höhe der Brückenpfeiler richtig bemerkt. Diese sorgen durch Reflexion der Wellen auch für aufgewühltes Wasser unter der Brücke.

BEFAHRUNGSREGELN

Wir halten uns vom Fahrwasser in der Mitte des Fehmarnsundes fern.

ANFAHRT MIT DEM PKW

Autobahn A1 Richtung Lübeck / Puttgarden fahren. Hinter Heiligenhafen geht die A1 automatisch in die B 207 über. Ausfahrt Großenbrode nehmen und bis zum Parkplatz Großenbrode-Orthfeld fahren. Fahrzeit ab HH ca. 1:30 h.

PARKEN

EINSTIEG Gebührenfreies Parken in Großenbrode-Orthfeld.

AUSSTIEG Gebührenfr. Parken Am Kai, Großenbrode, in Nähe der Seebrücke.

ANFAHRT MIT ÖPNV

Von HH-Hbf. Regional-Express Richtung Puttgarden oder Regionalbahn mit Umstieg in Lübeck bis zum Bahnhof Großenbrode am Fehmarnsund. Von dort zu Fuß oder per Rad 2,2 km zum Startplatz. Fahrzeit ab HH ca. 2:00 h.

Von der Seebrücke in Großenbrode sind es ca. zwei Kilometer zum Bahnhof.

BADEN

Beste Bademöglichkeiten vor allem gleich zu Beginn und am Ende der Tour. Strandnutzungsgebühr / Kurtaxe an Automaten vor Ort, beim Gastgeber oder in der Touristeninformation begleichen.

Die imposante Fehmarnsundbrücke überspannt den rund 1.300 Meter breiten Sund

...igenhafen mit seinem
...en historischen Ortskern

SEHENSWERT

» **HEILIGENHAFEN:** Histor. Marktplatz, Salzspeicher (16. Jh.), Stadtkirche (13. Jh.).

 EXTRA-TIPPS

» **SPAZIERGANG** von Heiligenhafen auf die unter Naturschutz stehende **HALBINSEL GRASWARDER** mit einer artenreichen Flora und Fauna. Zwischen Salzwiesen und Strand liegt das Naturschutzzentrum des NABU (12 Meter hoher **AUSSICHTSTURM**), sowie traumhaft schöne, unter Denkmalschutz stehende Strandvillen aus der Zeit um 1900 mit solch' klingenden Namen wie „Wotan", „Sturmmöwe", „Blaues Haus" oder „Rote Villa".

» Das Ende Mai/Anfang Juni jährlich stattfindende **SURFFESTIVAL** auf **FEHMARN** bietet kaum zu toppende Test-Möglichkeiten und ist Treffpunkt für die SUP-Szene (www.surffestival.de).

Traumhäuser auf Graswarder

TOUREN

1. SUND-TOUR 🌶️-🌶️🌶️
Von Großenbrode Weststrand (Siedlung Orthfeld) um die Landzunge zur Seebrücke von Großenbrode.
➡ | **LÄNGE** 10 km | **DAUER** 2-3 h

2. ABSTECHER HEILIGENHAFEN 🌶️-🌶️🌶️
Entlang des NSG Graswarder.
➡ | **LÄNGE** 8 km | **DAUER** 2 h

☀ EIN- & AUSSTIEG
EINSTIEG Großenbrode Weststrand.

AUSSTIEG
ROUTE 1 Seebrücke Großenbrode.
ROUTE 2 Heiligenhafen.

ZURÜCK ZUM EINSTIEG
ROUTE 1 Zu Fuß (3 km), mit 2. Pkw oder zuvor deponierten Fahrrad.
ROUTE 2 Von Heiligenhafen mit dem Bus nach Großenbrode, dann zu Fuß.

SUP-VERMIETUNG

1. WASSERSPORTCENTER HEILIGENHAFEN
Eichholzweg 110, 23774 Heiligenhafen
Tel. (04362) 14 41
www.wassersportcenter-heiligenhafen.de

2. WASSERSPORTSCHULE GROSSENBRODE
Am Kai 21, 23775 Großenbrode
Tel. (04367) 657 99 66 & 0171-805 56 55
www.watersports4all.de

EINKEHR

1. CAFÉ MEERKIEKER
Am Kai 15, 23775 Großenbrode
Tel. (04367) 71 79 72
www.cafemeerkieker.business.site
Di-So 11-18 Uhr

KLASSIKER Leckere Torten

2. TREFFPUNKT FISCHHALLE
Am Hafen, 23774 Heiligenhafen
Tel. (04362) 506 47 23
www.treffpunkt-fischhalle.de
Tägl. 9-20 Uhr

KLASSIKER Fischteller – Dorsch-, Schollen- und Lachsfilet gebraten

3. BRETTERBUDE & DECK 7
auch günstige, stylische Übernachtung
Seebrückenpromenade 4
23774 Heiligenhafen
Tel. (04362) 500 40, www.bretterbude.de
Tägl. 7-11 Frühstück, ab 12 Uhr Bistro

Chillige Strandbar, charmante Hafenpinte, kultiger Kiosk

ÜBERNACHTUNG

1. CAMPINGPLATZ SEEKAMP
Seekamp 1, 23779 Neukirchen
Tel. (04365) 456
www.camping-seekamp.de

2. HOTEL AM WIND
Am Kai 11, 23775 Großenbrode
Tel. (04367) 99 99 11
www.hotel-am-wind.de

1 DURCH DEN SUND 𝒫𝒫 - 𝒫𝒫𝒫

Von der geschäftigen Bundesstraße links abgebogen, blickt man auf den hohen Bau der Kurklinik Baltic in **ORTHFELD**. An ihr vorbei gelangt man zum **STRANDPARKPLATZ GROSSENBRODE WESTSTRAND** 🔴, von wo aus es nur ein paar Schritte zum Wasser sind. Wegen des flachen Ufers müssen wir allerdings noch einige Meter in die warme Ostsee hineinlaufen, bis die Finne genug Bodenfreiheit hat. Diese Tatsache sollten wir in Erinnerung behalten und immer mit etwas Abstand zum Ufer fahren, denn im flachen Wasser verstecken sich auf den nächsten Kilometern beider Touren immer wieder „Finnenfallen" in Form von Findlingen, die unter Wasser lauern.

Schon bald ist die fast 1.000 Meter lange **FEHMARNSUNDBRÜCKE** erreicht, deren Netzwerkbogen einer der größten weltweit ist. Unter der Brücke weht uns auf den Boards ein kühler Wind entgegen. Hinter den Brückenpfeilern haben sich wegen einer auftretenden Strömung, die durch Winddruck und Wasserbewegungen entsteht und daher in beide Sundrichtungen ziehen kann, kleine Kehrwässer gebildet, mit denen wir ein paar Minuten spielen. Die Wellen eines im Fahrwasser verkehrenden Fischkutters reflektieren von den Pfeilern und schwappen als Kabelwellen zurück.

Dann werfen wir einen Blick in den länglichen Hafen von **GROSSENBRODER FÄHRE**, wo vor dem Bau der Brücke der Ausgangsort der Fehmarnfähre war. Wie an einer Perlenkette aufgereiht, liegen Segelyachten und Motorboote zu beiden Seiten vertäut. Gleich neben dem Hafen lockt ein schöner Strand zur Pause.

In Richtung Süden suchen wir uns unseren Weg entlang einer hübschen Steilkante, vor der zahlreiche Findlinge im flachen Wasser auf unachtsame Stand up Boarder warten. Wer ganz viel Glück hat, kann hier auch mal einen sich am Ufer ausruhenden Seehund entdecken. Zwei kleine Wäldchen zieren die grüne Deichlinie, auf der Schafe weiden, bis die architektonisch nicht gerade schönen Gebäude von **GROSSENBRODE** in der Ferne immer deutlicher werden. Dafür besticht der Ort mit einem wunderbaren langen Sandstrand und einer endlos langen **SEEBRÜCKE** ● auf die wir zuhalten. Wir beschließen unsere Tour in einem der **RESTAURANTS** ✕.

eit lebte Heiligenhafen von der
ei, heute ist es der Tourismus

FISCHERORT HEILIGENHAFEN 𝒫 - 𝒫𝒫𝒫

Wer einmal maritimes Hafenflair schnuppern will, dem sei ein Abstecher in den ehemaligen Fischerort **HEILIGENHAFEN** empfohlen. Zum Anlegen fährt man durch die Marina in den dahinterliegenden Binnensee und setzt links kurz vor dem **WASSERSPORTCENTER** ❶ an einem Betonponton aus. Von da sind es nur wenige Schritte in die **HISTORISCHE ALTSTADT**, wo man auf einem Rundgang durch die Gassen auf die Spuren der Vergangenheit stößt. Auf dem **MARKTPLATZ** werden an zwei Markttagen die Spezialitäten der Region verkauft.

Oder man unternimmt einen Spaziergang auf die unter Naturschutz stehende **HALBINSEL GRASWARDER** 🅣🅘🅟 und besteigt den 14 Meter hohen **AUSSICHTSTURM**. Auf kleinen Infotafeln informiert der NABU über die Flora und Fauna des Schutzgebietes. Zur Stärkung vor der Rückfahrt, kehrt man chillig im **STRANDSCHUPPEN** ❸ an der **SEEBRÜCKENPROMENADE** oder in der **FISCHHALLE** ❷ im **HAFEN** ein.

FEHMARNSUND

GRÖMITZ - DAHME

ANSPRUCH | **EINKEHR**

Gleich drei Ostseebäder liegen entlang dieser Tour in der Neustädter Bucht verteilt. Doch gibt es hier nicht nur gepflegte Kurstrände und Seebrücken, sondern auch richtig schöne Natur in Form von Steilufer und einsamen Stränden, an denen wenig Publikumsverkehr herrscht. Ein weiteres Highlight ist der Leuchtturm bei Dahmeshöved, der über der Steilküste thront.

WIND & WETTER

Wirklichen Windschutz hat man auf der Strecke eigentlich nur bei Westwind. Alle anderen Richtungen haben bei zunehmendem Wind schnell auch Wellen mit im Gepäck.

ANFAHRT MIT DEM PKW

Autobahn A1 Richtung Lübeck / Puttgarden. Ausfahrt Neustadt-Pelzerhagen nehmen und auf B 501 ins Zentrum von Grömitz bis zum öffentlichen Parkplatz an der Seebrücke.
(Navi: Seestraße 31, 23743 Grömitz)
Fahrzeit ab HH ca. 1:20 h.

PARKEN

EINSTIEG Gebührenpflichtig am öffentlichen Parkplatz an der Seebrücke.

AUSSTIEG Gebührenpflichtiger Strandparkplatz südlich von Dahme (Leuchtturmstraße 19, 23747 Dahme).

ANFAHRT MIT ÖPNV

Mit der Bahn über Lübeck (umsteigen) nach Bahnhof Neustadt (Holstein). Dann per Bus 5800 bis Grömitz-Strand. Alternativ mit dem Flixbus direkt nach Grömitz (Am Markt). Von dort 0:15 h Fußweg zur Seebrücke.
Fahrzeit ab HH jeweils ca. 2:20 h.

BADEN

- Beste Bademöglichkeiten entlang der gesamten Tour. Man kann wählen zwischen steinig und einsam oder Kurstrand mit reichlich Publikum. Strandnutzungsgebühr / Kurtaxe an Automaten vor Ort, beim Gastgeber oder in der Tourist-Info begleichen.

- Erlebnisbad „Grömitzer Welle" mit Whirlpool, Strömungskanal, Wellness, Dampfbad, Saunen und Außenpool.

- Kellenhusen Meerwasserschwimmbad mit angeschlossenem Freibad.

So muss es sein: Sonne von vorne und sanfter Rückenwind

EXTRA-TIPPS

- An der **SEEBRÜCKE GRÖMITZ** (mit 398 Metern eine der längsten Deutschlands) per **TAUCHGONDEL** hinunter auf den Grund des größten Brackwassermeeres der Erde.
- Besuch des **KLOSTER- & KÜNSTLERDORFS CISMAR** (www.cismar.de, Bus 5800) mit seinem kunstgeschichtlich bedeutenden dreiflügeligen Hochaltarschrein. Das Kloster dient heute im Sommer dem Landesmuseums Schleswig-Holsteins für Kunstausstellungen.
- **HOFLADEN KLOSTERSEE** 3 km von Cismar mit Käserei, Backstube & Café.
- Eine **RADTOUR ENTLANG DER KÜSTE** (z.B. als mögliche Rückkehr zum SUP-Startpunkt) ist sehr lohnend und führt auch zum 1878 errichteten **LEUCHTTURM DAHMESHÖVED,** der DDR-Bürgern als Orientierungspunkt bei Fluchten über die Ostsee, als sogenanntes „Licht der Freiheit", diente.

Leuchtturm Dahmeshöved

TOUREN

1. STRAND & STEILKÜSTE ⚑-⚑⚑⚑

Von der Seebrücke Grömitz zum Strand von Dahme.

➜ | **LÄNGE** 13 km | **DAUER** 3-4 h

● EIN- & AUSSTIEG

EINSTIEG Seebrücke Grömitz.

AUSSTIEG In Nähe des Parkplatzes am Strand südlich von Dahme.

ZURÜCK ZUM EINSTIEG Mit 2. Pkw oder zuvor deponierten Fahrrad. Oder mit dem Bus 5800 von Dahme zurück nach Grömitz.

SUP-VERMIETUNG

1 WASSERSPORT GRÖMITZ
Kurpromenade 100
23743 Grömitz
Tel. (04562) 266 50 15
www.wassersport-groemitz.de

2 WASSERSPORT KELLENHUSEN
Strandpromenade 38
23746 Kellenhusen
Tel. 0152-563 092 63
www.wassersport-kellenhusen.de

3 SURFSCHULE DAHME
Strandbereich Eurocamping Zedano
Anhalter Platz 100
23747 Dahme
Tel. 01523-387 10 53
www.surfschule-dahme.de

EINKEHR

1 FALKENTHAL-SEAFOOD
Kurpromenade 6, 23743 Grömitz
Tel. (04562) 51 52
www.falkenthal-seafood.de
Tägl. ab 10 Uhr

KLASSIKER Seemannsfrühstück mit Krabben und Räucherfisch

2 HERR PUCK – DAS RESTAURANT
Strandpromenade 25
23746 Kellenhusen, Tel. (04364) 508
www.restaurant-kellenhusen.de
Tägl. 15-22 Uhr

KLASSIKER Leckere Fischgerichte

3 FISCHKISTE – KELLENHUSEN
Strandpromenade 4
23746 Kellenhusen
www.fischkiste-kellenhusen.de
Do-Di 11-19 Uhr

KLASSIKER Sooo köstlicher Backfisch im knusprigen Weizenbrötchen

GRÖMITZ – DAHME

ÜBERNACHTUNG

❶ STRANDSCHLAFEN "DELUXE"
– im Schlafstrandkorb am Strand von Grömitz, auf Höhe Kurpromenade 34
Tel. (4562) 22 46 80
www.strandschlafendeluxe.de

Am Strand schlafen „Deluxe"

❷ CAMPINGPLÄTZE UND WOMO-STELLPLATZ in Lensterstrand

❸ CAMPINGPARADIES KELLENHUSEN
Kirschenallee 16-18
23746 Kellenhusen
Tel. (04364) 47 94 70
www.campingparadies-kellenhusen.de

❹ JUGENDHERBERGE DAHME
Dahmeshöved 1, 23747 Dahme
Tel. (04364) 47 01 73
www.dahme.jugendherberge.de

SUPer-Traum im glasklaren Wasser

1. WEISSE STRÄNDE VOR ENDLOSEM HORIZONT

Fast fühlen wir uns an Jules Vernes „20.000 Meilen unter dem Meer" erinnert, mit Blick auf die Tauchgondel am Ende der **GRÖMITZER SEEBRÜCKE** 🔴, die wie ein auf den Kopf gestelltes, halbiertes Ei aussieht. Dreißig Besucher finden in ihr Platz und lässt sie die Ostsee aus einem völlig neuen Blickwinkel kennenlernen.

Auch von unseren Brettern haben wir einen grandiosen Blick hinunter ins klare Ostseewasser. Tief unter uns sehen wir die Schatten unserer Boards über den Grund schweben. Fast könnte einem schwindelig werden. Seetangwälder schwingen unter Wasser in der Strömung umher. Dazwischen entdecken wir einen dicken Dorsch. Wir ziehen weiter und mit jedem Zug am Paddel wird die Entspannung größer und die Zahl der Badegäste am buhnenbewehrten Strand nimmt nach und nach ab.

Entlang eines kleinen Wäldchens und des unverändert schönen Strandes führen uns unsere rhythmischen Schläge. Auf den nächsten Kilometern schützt ein Deich die Ufer, so dass wir von der Ansammlung der Campingplätze dahinter so gut wie nichts mitbekommen. Weit draußen zeigt uns eine ganze Flotte weißer Dreiecke, dass dort wohl gerade eine Regatta abgehalten wird. Hinter dem letzten Campingplatz, der sich ausnahmsweise einmal vor dem Deich befindet, wird es schlagartig einsam. Nun löst ein wunderbarer Dünen-Abschnitt die Deiche ab.

Die weiten grasigen Sandflächen sind durchsetzt von Sanddorn, Schlehen und vereinzelten Kiefern mit zerzausten Kronen.

Die Seebrücke von **KELLENHUSEN** bringt uns dann zurück in die touristische Welt von Strandkörben und Badegästen. Wir legen die Bretter in den warmen Sand und vertreten uns die Beine auf der quirligen Strandpromenade, wo sich ein Café ans andere reiht. Leckeren Fisch und kreative Holsteiner Küche bekommt man im **„HERR PUCK – DAS RESTAURANT"** 2.

Hinter Kellenhusen wird es schnell wieder ruhig. Hier müssen wir ein wenig auf die Wassertiefe achten, denn Reihen aus Holzpfählen verstecken sich im Flachwasser. Der bewaldete Nordstrand von Kellenhusen begleitet uns an die halbinselartige Landformation vor **DAMESHÖVED**, vor der besonders viele Findlinge versteckt im Wasser lauern. Gut 100 Meter landeinwärts zeichnet sich der **LEUCHTTURM DAHMESHÖVED** TIPP vor dem blauen Himmel ab. Der fast 30 Meter hohe achteckige Ziegelturm, der über der Steilküste thront, dient der Schifffahrt in der Mecklenburger und Lübecker Bucht als Orientierungsfeuer und gehört sicher zu den schönsten Leuchtfeuern zwischen Kiel und Lübeck. Vielen flüchtenden DDR-Bürgern war er Orientierungspunkt bei ihrer Flucht über die Ostsee.

Auf dem letzten Teil der Tour blicken wir nun auf eine lehmige Steilküste, von der immer wieder lange Treppen nach oben führen, eine davon hinauf zur **JUGENDHERBERGE DAHME** 4. Im Ort selbst paddeln wir nicht bis zur Seebrücke, sondern legen noch vor Beginn der Buhnen am südlichen **STRANDPARKPLATZ VON DAHME** an, den man wegen der massiven Verbauungen am Ufer leicht vom Wasser aus erkennt.

Am Leuchtfeuer Dahmeshöved

GRÖMITZ – DAHME

TIMMENDORFER STRAND – NEUSTADT

ANSPRUCH

◊ – ◊◊◊

EINKEHR

Lifestyle, Luxus und Strandleben – dafür steht Timmendorfer Strand, während unser Ziel Neustadt eine lebhafte kleine Hafenstadt ist. Beim Gang durch die malerischen Gassen fällt der Blick immer wieder zwischen den Häusern auf historische Fischerboote und Segelschiffe im Hafen. Beide Orte verbinden schier endlose Sandstrände und viel Natur.

WIND & WETTER

Einen guten Windschutz bietet die eingetiefte Lage der Bucht bei westlichen Winden. Weht es dagegen aus Ost/Nordost, dann schiebt die Ostsee an die Küste die größten Wellen, die man zwischen Flensburg und Lübeck sehen kann. Dann schlägt die Stunde der erfahrenen Wellenreiter.

BEFAHRUNGSREGELN

- Im FFH Gebiet "Strandniederungen südlich Neustadt" sollten wir wegen wertvoller Strandbiotope auf den letzten 500 Metern vor dem Neustädter Hafen 200 m Abstand vom Ufer halten.
- Das Neustädter Binnenwasser darf nur in Stadtnähe bepaddelt werden. Der gesamte nordwestliche Teil ist Naturschutzgebiet.

ANFAHRT MIT DEM PKW

Autobahn A1 in Richtung Lübeck/Puttgarden. Ausfahrt 18 Ratekau nehmen und der Hemmelsdorfer Str. ins Zentrum von Timmendorfer Strand zum Strand-Parkplatz (Navi: Wohldstraße 22, 23669 Timmendorfer Strand) beim Eissportstadium folgen. Fahrzeit ab HH ca. 1:10 h.

PARKEN

EINSTIEG Gebührenfr. Parken am Eissportstadium von Timmendorfer Strand.

AUSSTIEG Gebührenpflicht. Parkplatz Klosterhof am Binnenwasser Neustadt.

ANFAHRT MIT ÖPNV

Mit der Bahn über Lübeck (umsteigen) zum Bahnhof Timmendorfer Strand. Fußweg zur Seebrücke ca. 1,6 Kilometer oder per Bus zum Strand am Maritim Hotel. Fahrzeit ab HH ca. 1:40 h.

BADEN

Hervorragende Bademöglichkeiten entlang der gesamten Tour. Man kann wählen zwischen steinig und einsam oder sandigem Strand mit reichlich Publikum. Strandnutzungsgebühr/Kurtaxe an Automaten vor Ort, beim Gastgeber oder in der Tourist-Info begleichen.

- Freistrände gibt es in Niendorf und Haffkrug.
- Ostsee Therme Scharbeutz mit Riesen-Rutschen, Sauna und Wellness direkt an der Ostsee (www.ostsee-therme.de).
- Meerwasserhallenbad in Niendorf.

Malerischer Blick auf Neustadt

SEHENSWERT

- » Die **WELTKULTURERBESTADT LÜBECK** ist nur wenige Kilometer entfernt und lohnt sich unbedingt!
- » **NEUSTADT:** Backsteingotische Stadtkirche von 1244, Pagodenspeicher von 1830, mittelalterliches Kremper Tor als Teil der alten Befestigungsanlage mit dem zeiT-Tor-Museum (Handwerk und Alltagsleben, im Anbau das Cap-Arcona-Museum).

EXTRA-TIPPS

- » **SCHARBEUTZ: OSTSEE-THERME (**schöne Bade-, Sauna- & Wellnessanlage, tägl. 10-22 Uhr, www.ostsee-therme.de).
- » **TIMMENDORFER STRAND: SEA LIFE** (zeigt die Lebensräume der Gewässer Schleswig-Holsteins, großes tropisches Ozeanbecken, www.visitsealife.com).
- » **VOGELPARK NIENDORF** (auf 7 Hektar 1.000 Vögel aus 250 Arten und die umfangreichste Eulensammlung der Welt, www.vogelpark-niendorf.de).
- » **TRAVEMÜNDE: MUSEUM VIERMASTBARK PASSAT** (Ausstellung in denen, nicht nur spannend für Kinder und Jugendliche, der Schiffssjunge Scheuffler die Ausstellungsbesucher emotional mit auf seine Abenteuerreisen nimmt).
- » Besuch des **HANSA PARK SIERKSDORF**, einem 46 Hektar großen Freizeitpark mit jährlich 1,4 Millionen Besuchern.
- » **JAZZBALTICA** mit internationalen Jazzgrößen und Musikern der baltischen und regionalen Musikerszene findet jedes Jahr Ende Juni in Timmendorfer Strand statt.
- » An der **SEEBRÜCKE SCHARBEUTZ** findet jährlich ein **SUP-WORLDCUP** statt, der nicht nur Weltklasse-Stand up Paddler an die Ostsee lockt, sondern auch ein Programm für Normalpaddler bietet.

TOUREN

SUP-VERMIETUNG

❶ SURF & SUP-SCHULE NIENDORF
Strandstr. 121 a, 23669 Niendorf
Tel. 01573-365 27 55
www.surfschule-niendorf-ostsee.de

❷ SURFSCHULE TIMMENDORFER STRAND
Strandallee 11
23669 Timmendorfer Strand
Tel. 0163-514 13 11
www.surfschule-timmendorf.de

❸ SUP-STATION SCHARBEUTZ
Strandallee / Strandabschnitt 19
Aktionsstrand an der Seebrücke
23683 Scharbeutz
Tel. 0174-390 60 41
www.sup-scharbeutz.de

❹ SAIL AND SURF PELZERHAKEN
Auf der Pelzerwiese 24
23730 Neustadt / Pelzerhaken
Tel. (04561) 524 81 72
www.sailandsurfpelzerhaken.de

❶ STRANDBUMMEL ᵖ-ᵖᵖᵖ
Seebrücke Timmendorfer Strand zum Neustädter Binnenwasser.
➡ | **LÄNGE** 14,3 km | **DAUER** 3-4 h

🔴 EIN- & AUSSTIEG
EINSTIEG Strand im Bereich der Seebrücke Timmendorfer Strand.

AUSSTIEG Im Neustädter Binnenwasser etwa 300 m hinter dem Pagodenspeicher am Steinstrand.

ZURÜCK ZUM EINSTIEG
In 0:23 h mit dem Regional-Express Richtung Lübeck Hbf bis zum Bahnhof Timmendorfer Strand.

Klar, im Sommer wird's hier voll

TIMMENDORFER STRAND – NEUSTADT

EINKEHR

1 GRANDE BEACH CAFÉ SCHARBEUTZ
Strandallee 134 a
23683 Scharbeutz
Tel. (04503) 898 10 00
www.grandebeach-cafe.de
Tägl. ab 8.30 Uhr

KLASSIKER Super Gourmet-Frühstück, tolle Kuchenauswahl

2 AHOI STEFFEN HENSSLER
Strandallee 139
23683 Scharbeutz
Tel. (04503) 356 91 10
www.ahoisteffenhenssler.de
Do-Di ab 12 Uhr

KLASSIKER Leckere Veggi Bowl

3 BEACHLOUNGE SCHARBEUTZ
Strandallee 133
23683 Scharbeutz
Tel. (04503) 898 10 00
Tägl. ab 8.30 Uhr

KLASSIKER Hausgemachte Limonaden

4 BETTINA'S LIEBLINGSPLATZ
Am Binnenwasser 20
23730 Neustadt in Holstein
Tel. 0176-304 160 80
Tägl. ab 9 Uhr, Montag Ruhetag

KLASSIKER Steak mit Kräuterbutter

Die Strandbars reihen sich aneinander

ÜBERNACHTUNG

1 SCHLAFEN IM STRANDKORB
in Timmendorfer Strand & Niendorf
Timmendorfer Strand Niendorf Tourismus GmbH, Tel. (04503) 35 77 10
info@timmendorfer-strand.de

2 THE COZY HOTEL
Schmilinskystraße 2, 23669 Timmendorfer Strand, Tel. (04503) 76 09 10 00,
www.thecozy-hotel.de

3 DJH SCHARBEUTZ
Strandallee 98, 23683 Scharbeutz
Tel. (04503) 720 90
www.scharbeutz.jugendherberge.de

4 HOTEL – HAUS AM MEER
Strandallee 84, 23683 Scharbeutz
OT Haffkrug, Tel. (04563) 47 88 84
www.haus-am-meer-scharbeutz.de

Der ruhige Sierks- dorfer Strand gilt als Geheimtipp

1 SCHICKIMICKI UND URIGE HAFENIDYLLE

TIMMENDORFER STRAND steht für Flanieren auf der neu gestalteten Kurpromenade und Shoppen in manch' extravaganten Läden der Fußgängerzone. Man merkt, dass hier die wohlhabenden Hamburger in ihren Wochenenddomizilen leben, dank der kurzen Fahrzeit von nur gut einer Stunde. Da wir uns gar nicht erst am feinsandigen Strand aufhalten wollen, müssen wir auch keine Strandnutzungsgebühr am Automaten entrichten und stehen schon bald auf unseren Boards ● in der der **LÜBECKER BUCHT.**

Was für ein Genuss, das Ostseewasser über die Füße plätschern zu fühlen. Eine schier unüberschaubare Menge an Strandkörben begleitet uns entlang des weißen Sandstrands. Nicht umsonst ist das Baden hier so beliebt. Wenn das Wetter mal nicht mitspielt, besucht man die **OSTSEE THERME SCHARBEUTZ**, eine der schönsten Wellnessanlagen Deutschlands, deren spektakuläre Wasserrutsche wir bald sehen können.

Die Strandkorbreihen ziehen sich, unterbrochen nur durch Strandaufgänge, weiter am Ufer der Orte **SCHARBEUTZ**, **HAFFKRUG** und **SIERKSDORF** entlang. In jedem der Ferienorte kann man vorzüglich pausieren und mit großer Auswahl an Restaurants und Cafés in Strandnähe auch einkehren. Dies tun wir in

TIMMENDORFER STRAND – NEUSTADT

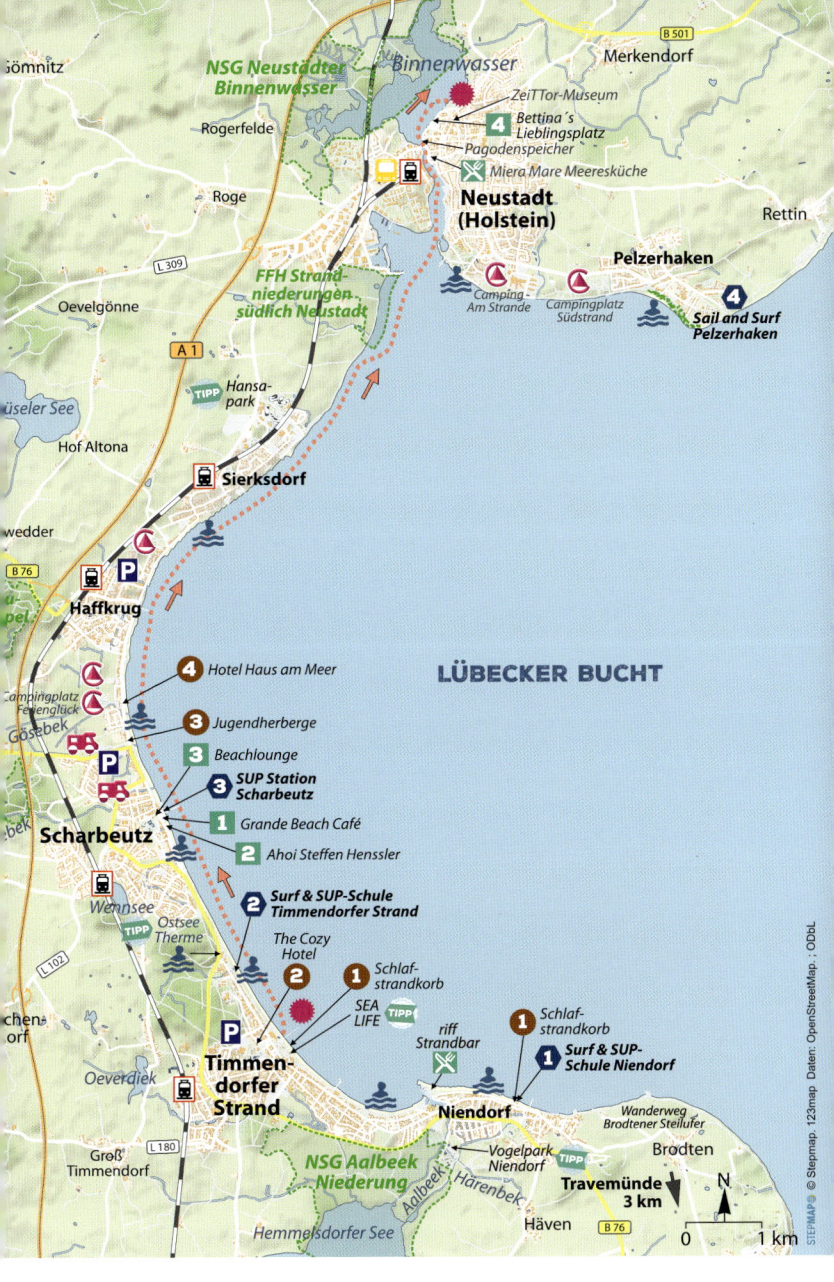

der **BEACHLOUNGE SCHARBEUTZ** 3 – natürlich mit dem richtigen Beachfeeling, der Clubmusik zum Chillen und hausgemachter Limonade.

Da wo **HAFFKRUG** beginnt, liegt nur 30 Meter vom Strand das sympathische, kleine Strandhotel „**HAUS AM MEER**" 4 mit angeschlossenem Bistro und Bibliothek. Alljährlich im Sommer gibt es eine kleine Auswahl an Veranstaltungen, wie Ausflüge an das World Food Buffet mit Speisen internationaler Küchen oder Live Musik mit Musikern aus der Region.

Gleich hinter **SIERKSDORF** endet die vielleicht längste Strandkorbreihe Deutschlands. Eine lehmige Steilküste macht das Ufer unzugänglicher, der Strand selbst bleibt weiter schön. Hier begegnet man eher Spaziergängern als Badenden. Wie überall an solchen Stellen wurden zahlreiche Steine aus den lehmigen Wänden gewaschen, die sich in Strandnähe als „Finnenstopper" verteilen. Ein bezauberndes Wäldchen drängt sich in einer hübschen „Schlucht" bis ans Wasser. Es ist Teil des **FFH-GEBIETES "STRANDNIEDERUNGEN SÜDLICH NEUSTADT"**. Da hier auch der Wanderweg verläuft, können wir durchaus anlegen und einen

Nur die Ostsee und DU!

Auf Tuchfühlung mit den Booten im Neustädter Hafen

Blick in den schattigen Wald werfen. Lediglich auf den letzten 500 Metern vor dem Neustädter Hafen, den wir durch seine lange Betonmole schon von Weitem sehen können, müssen wir aus Naturschutzgründen 200 Meter Abstand zum Ufer halten, wo sich eine Brackwasserlagune verbirgt, die vielen seltenen Vogel- und Amphibienarten Lebensraum bietet.

Direkt dahinter, an der großen Mole, existiert ein winziger Strand, an dem man vor der Durchfahrt des **NEUSTÄDTER HAFENS** noch einmal eine Pause einlegen könnte. Dann nehmen wir den rechten Gewässer-Arm in die Innenstadt hinein. Vorbei an langen Reihen von Motor- und Segelboten, die an Holzstegen verzurrt sind, verengt sich das Hafenbecken nun stetig. An den Pieren liegen hübsche Traditionssegler, die mit ihren Masten und verzierten Bug- und Heckpartien immer einen genaueren Blick wert sind. Im **HAFEN** herrscht mitunter reger Verkehr. Wir paddeln daher sehr aufmerksam. Alte und moderne Speicher ragen aus der Stadtsilhouette hervor. Jetzt geht es ins historische Zentrum von **NEUSTADT (HOLSTEIN)** hinein und dahinter, durch eine Brücke getrennt, ins **NEUSTÄDTER BINNENWASSER**. Hinter der Brücke blicken wir auf den ungewöhnlichen **PAGODENSPEICHER**. Erbaut im Jahre 1830 und heute Wahrzeichen der Stadt, wirkt er mit seiner Form wie ein fernöstliches Bauwerk. Seine Form verdankt er den vielen Lüftungsluken, optimal für das Lagern von Getreide. Wir folgen nun dem Binnenwasser noch gut 300 Meter und legen dann am steinigen Ufer an ●.

DER AUTOR

BJÖRN NEHRHOFF VON HOLDERBERG – ist mit allen Wassern gewaschen. Schon als Kind von seinen Eltern im Faltboot mitgeschleppt, wurde er früh vom Paddelvirus infiziert. Da war der Weg dann auch nicht mehr weit zum Stand up Paddling. Neben seiner Arbeit als Reisebuchautor bei verschiedenen Kanu- und Outdoor-Zeitschriften, schreibt er auch für die Zeitschrift SUP Board Magazin. Wenn es an der Ostseeküste windig wird, kann man ihn auf seinem SUP Wellenreitboard irgendwo zwischen Kiel und Lübeck antreffen. Auf seiner Homepage www.adventure-photographer.de entdeckt man neben seinen Travelbildern auch seine Passion für die Landschaftsfotografie, die er in Fotokursen auch gern an andere weitergibt.

WEITERE SUP-GUIDES

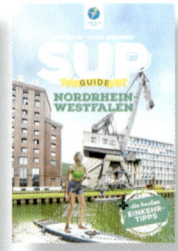

REGISTER

A
Alte Meierei am See *73*
Alte Schäferei *21*
Alte Schwentine *75*
Augstfelde *59*

B
Behler See *42*
Bischofssee *53, 59*
Bischofswarder *58*
Bosau *55, 57, 59*
Bottsand *110*
Brasilien *114*
Bülk *103*
Bungsberg *21*

C
Cismar *135*

D
Dahme *139*
Dameshöved *139*
Dieksee *41*

E
Edebergsee *43*
Ellerbek *85*
Eutin *21, 24, 29*

F
Falckenstein *102*
Falckensteiner Strand *99*
Fasaneninsel *25*
Fehmarnsund *125*
Fehmarnsundbrücke *129*
Fissau *33, 35*
Fissauer Bucht *24, 33*
Freudenholmer Bucht *69*
Friedrichsort *102*
Fuhlensee *67*

G
Germaniahafen *93*
Graswarder *127, 131*
Gremsmühle *35*
Grömitz *135, 138*
Großenbrode *129, 130*
Großenbroder Fähre *130*
Großer Eutiner See *19*
Großer Plöner See *43, 45, 51, 59*
Gut Rastorf *83*
Gut Wahlstorf *67*
Gut Wittmoldt *65*

H
Haffkrug *148*
Heidkate *110, 113*
Heiligenhafen *127, 131*
Höftsee *43*
Hohenfelde *115*
Hohwacht *121*
Hohwachter Bucht *117, 121*

I
Insel Olsborg *43*

K
Kalifornien *113*
Kellenhusen *139*
Kellersee *27, 32*
Kiel *80, 89, 92, 99*
Kieler Außenförde *97*
Kieler Förde *93*
Kieler Innenförde *87*
Kieler Schifffahrtsmuseum *94*
Kieler Woche *89, 99*
Kiellinie *89, 95*
Kiel-Wellingdorf *85*
Kiel-Wik *99*

Kanusport ist Autosport

Seit 50 Jahren fertigen wir das weltweit einzigartige Dachträgersystem aus Aluminium und Edelstahl bis 200 kg Tragkraft.
Damit transportieren Sie sicher und komfortabel Ihre Boote zu Ihren Traumgewässern.

Heinz Zölzer GmbH
Kanu - Outdoor - Autodachträger
Kupferdreher Str. 196, 45257 Essen
Tel.: 02 01 / 48 78 15
Fax: 02 01 / 48 27 80
www.zoelzer.de   info@zoelzer.de

5 Jahre Garantie
sicher - innovativ - langlebig

Kirchsee *68, 83*
Klausdorf *85*
Kleiner Plöner See *49, 65*
Klostersee *135*
Kronsee *67*
Kührener Au *75*

L

Laboe *107, 111*
Langensee *42*
Lanker See *68, 69*
Leonhard-Boldt-Park *33*
Leuchtturm Dahmes-
    höved *135, 139*
Lippe *121*
Lübecker Bucht *146*

M

Malente *29, 34, 35, 39*
Malenter Wald *39*
Mühlensee *50*

N

Neustadt *141, 143, 149*
Niederkleveez *42*
Niendorf *143*

O

Oppendorfer Mühle *85*
Orthfeld *129*

Ostsee *110, 122, 138, 146*

P

Parnaßturm *63*
Plön *39, 43, 47, 63*
Plön Fegetasche *43*
Postau *77*
Postfeld *73*
Postsee *71, 75, 76*
Preetz *63, 68, 69, 73, 77, 80*
Prinzeninsel *51*

R

Rosensee *84*

S

Scharbeutz *143, 146*
Schilksee *103*
Schmoel *107, 114*
Schönberger
    Strand *107, 114*
Schwanensee *49*
Schwentine *35, 61, 66, 79*
Schwentinental *80, 85*
Schwentinepark *85*
Sehlendorfer
    Binnensee *119, 122*

Sehlendorfer
    Strand *117, 119, 123*
Sierksdorf *143, 148*
Sieversdorf *76*
Stadtsee (Plön) *49*
Stein *110*
Strande *103*

T

Timmdorf *42*
Timmendorfer
    Strand *141, 143, 146*
Travemünde *143*

U

Ukleisee *29*

V

Vierer See *53, 58*
Viererseegraben *58*

W

Wahlstorf *68*
Wanderweg Schuster-
    acht *63, 73*
Weißenhäuser
    Strand *117, 123*
Wendtorf *110*
Wildpark
    Schwentinental *80*
Wittmoldt *64, 66*

DER AUTOR